KB268466

한자 7급과 8급에 속한 한자들로 구성!

한자와 중국어

【안성재 著】

어문학사

들어가면서

중국이 급속한 경제성장과 더불어 미국과 어깨를 나란히 하는 G2로 불리기 시작한 것은 이제 어제 오늘의 이야기가 아니다. 그만큼 한국뿐만 아니라 전 세계의 많은 사람들이 이미 중국어 학습에 열중하고 있고, 나아가 중국을 이해하려고 노력한다. 그런데 중국의 문자인 漢字(한자)가 표의문자로 구성되어 있기 때문에, 서양의 대다수 사람들은 주로 문자 학습을 제외한 발음 위주의 절름발이 중국어만을 배우고 있다. 그만큼 표의문자로서의 한자 학습에 애로사항이 많다는 이야기이다.

한국은 예로부터 한자를 사용하여 기록하고 읽어온, 전형적인 한자 문화권에 속해있는 나라이다. 하지만 언제부터인지 한자는 영어에 밀려서 그저 선택 아닌 선택이 되어버렸다. 심지어 한자를 배워야 하는가 그렇지 않은가에 대한 화두조차도 끊이지 않는 논쟁거리다.

문제는 한국어에 있어서 한자로 구성된 단어들의 비중이 상당히 많다는 점이다. 일반적으로 한국어의 한자 비율이 70%가 넘는다고 인식되어 있지만, 과거 국립국어교육원의 발표에 의하면 35%가 한자어라고 한다.

그렇다면 여기서 우리는 마땅히 스스로에게 한 가지 의문점을 던져야 할 것이다. "과연 우리는 더 이상 한자가 필요 없다고 생각하여, 뜻도 영문도 모른 채 그저 한국어 발음으로만 단어를 인지하고 외울 것인가? 아니면 이제라도 한자의 의미를 되살려서 왜 그러한 의미를 지니는지 인지하고 나아가 활용해야 할 것인가?"

표의문자인 한자는 무조건 외워야 하는 대상이 아니라, 정해진 6가지 원칙에 의해서 만들어진 체계적인 문자이다. 따라서 필자는 우선 한자의 창제 배경을 설명하고 나아가 한자가 만들어진 6가지 원칙을 소개함으로써, 한자가 무조건 외워야하는 것이 아닌 이해해야 하는 문자임을 피력하고자 한다. 그럼으로써 언어로서의 한자뿐만이 아닌, 중국 나아가 동양의 정서가 스며있는 문화를 보여주고자 한다. 그리고 이러한 기반에서 중국어에 접근한다면, 중국어는 분명 외국의 언어가 아닌 우리와 정서를 함께 나눈 이웃의 언어로서 더 친숙하게 다가올 것이다.

본 서적을 집필하면서, 필자는 아래의 저서를 적극 활용했음을 밝혀둔다.

說文解字今釋 許愼(著) 湯可敬(撰) 岳麓書社 1998

이 서적은 [說文解字(설문해자)]의 저자인 許愼(허신)의 한자에 대한 견해를 위주로 소개하고 있다. 하지만 더불어 허신의 견해에 反(반)하는 학자들의 다양한 의견들도 담고 있다. 필자 역시 한자의 창제원리를 풀이할 때, 원칙적으로는 허신의 견해를 따르려고 노력했다. 다만 허신의 한자 원리에 대한 설명 대다수는 陰陽學(음양학)을 기저로 하여 풀이하고 있기 때문에, 필자가 동의할 수 없거나 납득할 수 없는 부분에 대해서는 다른 학자들의 견해를 따르거나, 또는 스스로 체득한 필자의 주관적 견해를 서술하였다. 특히 각 한자마다 小篆(소전)체의 모양을 제시함으로써, 어떠한 원리와 배경을 가지고 그러한 한자가 만들어졌는지를 비교적 상세하게 설명하고자 하였다.

小篆(소전)체는 秦始皇帝(진시황제) 때의 문자이다. 진시황제는 전국을 통일하자 각 나라마다 쓰던 문자와 도량형을 통일시켰는데, 바로 이때 李斯(이사) 등의 인물들에게 통일된 문자체로 책을 쓰도록 했으니, 이것이 소전체이다.

물론 진시황제 때의 소전체 이전에, 거북의 등껍질이나 소의 뼈에 새긴 甲骨文(갑골문)이나 청동기에 새겨 넣은 金文(금문)이 있지만, 당시의 문자체와 지금의 한자를 상호 비교하여 이해하기에는 너무나도 큰 차이점과 불편함이 있다.

이제 한자의 창제 배경과 제자원리 및 소전체 설명 그리고 현재 통용되는 한자와의 비교를 통해서, 어떠한 과정을 통해서 각 한자마다 그러한 고유의 의미가 생기게 되었는지 이해하고, 나아가 이를 기반으로 중국어 역시 섭렵해보기로 하자.

차례

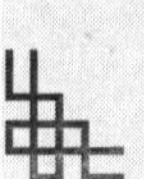

1장 설명에 앞서서

1. 表音文字(표음문자)

표음문자는 소리를 드러내는 문자라고 풀이할 수 있으므로 소리 글자라고도 하는데, 이는 사람의 말소리를 기호로 나타낸 문자이다. 표음문자의 주된 특징은 모든 문자가 子音(자음)과 母音(모음)으로 구성되어 있고, 이 자음과 모음이 합쳐져서 하나의 소리를 이루며, 또한 그 소리를 그대로 문자로 적을 수 있다는 것이다. 지구상의 모든 언어들 중에서 대부분이 표음문자에 해당하는데, 이에 해당되는 대표적인 언어로는 한국어와 영어 일본어 등이 있다.

표음문자에서 자음은 그저 입모양을 잡아주는 역할만을 담당하므로 단독으로는 소리를 낼 수 없다. 가령 한글 'ㄱ'은 입모양을 잡아주기만 할 뿐 자체적으로 발음할 수는 없는 것이다. 그럼에도 불구하고 우리가 'ㄱ'을 '기역'이라고 읽는 이유는, 발음을 연습하기 위해서 '기역'이라고 읽기로 약속했기 때문이다. 따라서 자음은 반드시 'ㅏ ㅐ ㅣ ㅗ ㅜ' 등과도 같은 모음이 필요한 것이고, 이러한 모음들은 단독으로 소리를 낼 수 있다.

위에서 표음문자의 주된 특징이 자음과 모음을 조합하여 읽고 쓰기만 하면 되는 것이라고 소개한 바 있는데, 이는 바로 표음문자의 장점이 된다. 하지만 장점이 있으면 단점도 역시 존재하는 법. 이 표음문자에도 역시 단점이 존재하는데, 바로 문자 자체가 의미를 지니지는 못하기 때문이다. 가령 '배'라는 단어를 예로 들어보자. 과연 이 '배'는 어떤 의미를 지니고 있을까? 과일 중 하나인 '배'일까 아니면 교통수단으로서의 '배'일까? 만일 그것도 아니라면, 그럼 신체 부위로서의 '배'일까? 이처럼 표음문자는 발음 또는 표기되는 문자의 전후 상황을 고려하여 그 의미를 찾아내야지, 그 자체로는 명확한 의미를 드러내지 못하는 것이다.

2. 表意文字(표의문자)

표의문자는 뜻을 드러내는 문자로 풀이할 수 있으므로 뜻글자라고도 하는데, 이는 각각의 문자 자체가 의미를 지니고 있어서 그 뜻을 전달하는 문자이다. 표의문자의 주된 특징은 각각의 문자마다 고유의 뜻을 지니고 있기 때문에, 표의문자는 어느 문자를 보기만 해도 전하려는 의미가 무엇인지 이해할 수 있다. 지구상의 언어들 중에서 지금까지 이 표의문자를 표방하고 있는 언어는 거의 남아있지 않은데, 이에 해당되는 대표적인 언어로는 고대 이집트문자와 중국의 漢字(한자) 정도가 있다.

위에서 표의문자의 주된 특징이 문자 하나하나가 뜻을 나타내므로 문자를 보기만 해도 그 의미가 무엇인지 쉽게 이해할 수 있는 것이라고 소개한 바 있는데, 이는 바로 표의문자의 장점이 된다. 하지만 단점 역시 존재하고 있으니, 문자 자체가 소리를 지니지는 못하기 때문이다. 가령 '天'이라는 단어를 예로 들어보자. 이 단어는 '하늘'이라는 의미를 지니고 있다. 하지만 어떻게 발음해야 할까? 결국 표의문자는 문자로 의사소통은 할 수 있을지언정, 口頭(구두)로 의사표현을 할 수는 없는 것이다.

그럼에도 불구하고 '天'을 한국에서는 '천'이라고 읽고, 중국에서는 'tiān'이라고 발음한다. 자음과 모음으로 구성되지 않은 뜻글자가 어떻게 소리를 지닐 수 있을까? 그 이유는 소리로 전달하여 읽기 위해서 '天'을 '천' 혹은 'tiān'으로 읽기로 약속했기 때문인 것이다. 다시 말해서, 표의문자를 구두로 전달하려면 결국 모든 문자에 일일이 고유의 발음을 인위적으로 만들어서 부여해야 하고, 또한 그 부여된 발음을 일일이 외워서 활용할 수밖에 없는 것이다.

2장 漢字와 中國語

1. 漢字(한자)

예로부터 중국인들은 黃帝(황제) 軒轅(헌원)의 史官(사관)이었던 倉頡(창힐)이란 인물이 새의 발자국을 본 따 문자로 만들었다고 믿어 왔고, 이것이 漢字(한자)의 원형이 되는 書契(서계) 즉 사물의 모양을 본 따 만든 글자이다.

한자는 중국에서 처음 만들어진 것으로 알려져 있고, 오늘날에도 여전히 중국을 비롯하여 한국 일본 싱가포르 타이완 등 적잖은 아시아 국가들에서 보편적으로 쓰이고 있는 문자이다. 한자의 기원은 통상 지금으로부터 대략 3천여 년 전 사용된 것으로 추정되어지는 甲骨文(갑골문)에서 비롯된 것으로 여겨지고 있다. 그렇다면 갑골문이란 과연 어떠한 문자를 지칭하는 것일까?

 한자와 중국어

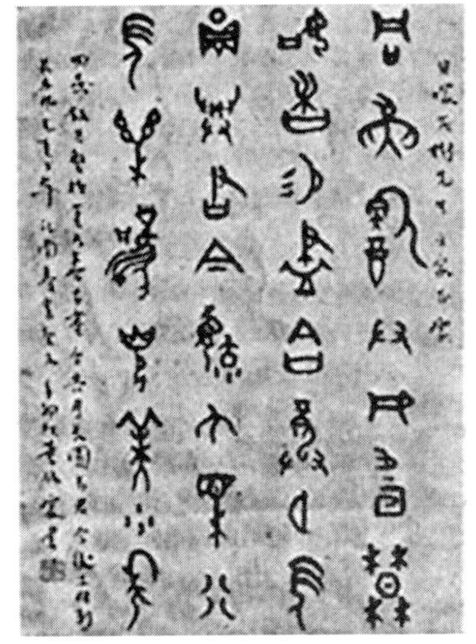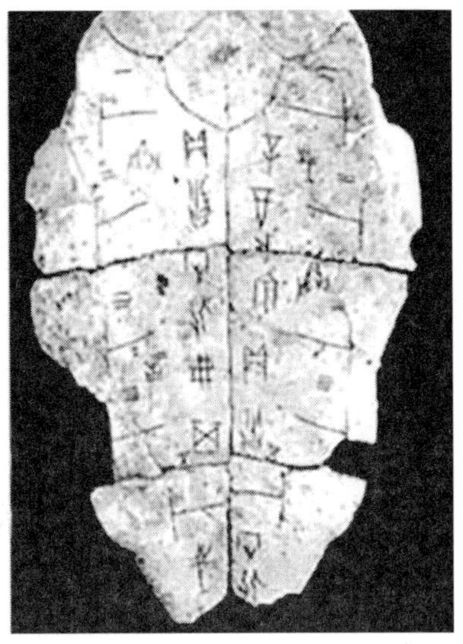

사진의 출처는 다음과 같다. http://faculty.knou.ac.kr/~hye/course/class-html/class1-html/class1-image/2.gif

이를 이해하기 위해서는, 먼저 간략하게나마 옛 중국인들이 과연 자국 역사를 어떻게 인지하고 있는지 잠시 짚고 갈 필요가 있다.

중국인들은 伏羲氏(복희씨)와 女媧氏(여와씨)가 인류를 창조한 이래, 농업을 보급한 神農氏(신농씨)까지를 三皇(삼황)으로 불러왔다. 이어서 黃帝(황제) 軒轅(헌원), 顓頊(전욱) 高陽(고양), 帝嚳(제곡) 高辛(고신), 帝堯(제요) 放勳(방훈) 그리고 帝舜(제순) 重華(중화)를 五帝(오제)라고 호칭함으로써, 이 삼황오제가 다스리던 시기를 가장 이상적인 사회인 大同(대동: 태고~B.C. 2070)으로 여겨왔던 것이다. 대동사회의 주된 특징은 禪讓制(선양제)인데, 세습이 아닌 지도자의 인격과 행정 능력만으로 그들의 지도자를 선출하였다.

하지만 순 임금의 뒤를 이은 禹(우) 임금이 夏(하: ~B.C. 1600)나라를 건립한 이래로, 선양제는 世襲制(세습제)로 바뀌고 세상은 점차 이기적인 모습으로 변모하기 시작하였으니, 이 시기부터를 지도자들이 규율을 앞세워 스스로 본보기를 보임으로써 백성들을 통제한 小康(소강)사회라고 부른다.

따라서 중국인들은 그들의 역사를 크게 대동과 소강 그리고 혼란기의 세 부분으로 나누게 되는데, 위에서 언급한 가장 이상적인 사회였던 대동사회는 삼황오제를 끝으로 단절되지만, 소강사회는 각 왕조마다 현철한 임금과 신하들로 인해서 간혹 부활되는 모습들을 보였으니, 그 대표적인 인물로는 하나라 우 임금과 하나라의 뒤를 이은 商(상: ~B.C.1046)나라의 湯(탕) 임금, 그리고 상나라의 뒤를 이은 周(주: ~B.C. 770)나라의 文王(문왕)과 武王(무왕) 및 成王(성왕) 마지막으로 周公(주공)이 있었다.

그러나 세월이 흐르고 주나라 역시 국운이 점차 쇄락하여 天子(천자)의 지위가 땅에 떨어지자, 급기야 平王(평왕) 때 이르러 분위기를 쇄신하려고 수도를 동쪽의 洛邑(낙읍: 오늘날의 뤄양)으로 옮기게 되니, 이때부터 수도를 서쪽의 鎬京(호경: 오늘날의 시안)으로 삼았던 西周(서주)와 구분하고자 東周(동주)라고 부르게 되었던 것이다. 그리고 바로 이 동주 시기는 우리가 잘 알고 있는 중국 최대의 혼란기였던 春秋(춘추)시대의 시작이기도 했다.

다시 돌아와서 갑골문은 다름 아닌 1899년에 안양현 소둔촌 즉 商(상)나라의 수도였던 지역의 폐허에서 발견된 것인데, 상나라는 殷(은)

나라라고도 호칭하므로 이 지역을 殷墟(은허)라고 부른다. 따라서 갑
골문이란 은허에서 발굴된 거북이의 등껍질(배딱지)인 龜甲(귀갑)과
짐승의 어깨뼈(견갑골)인 獸骨(수골)에 새겨진 중국의 고대 상형문자
인데, 후대에 龜甲(귀갑)의 甲(갑)과 獸骨(수골)의 骨(골)을 합쳐서 갑골
문이라고 칭하기 시작한 것이다. 이 갑골문에서 긴 세월을 걸쳐 부단
히 발전한 것이 바로 漢字(한자)이고, 현재 알려져 있는 글자 수는 약
5만에 이르는 것으로 알려져 있지만 실제로 쓰이는 것은 5,000자 정
도이다.

하지만 예로부터 전해 내려오는 말처럼 설혹 창힐이 한자를 만들
었다고 해도 그 글자 수가 너무 많기 때문에, 이를 한 사람이 단시일
에 만들어 낼 수는 없었을 것이다. 그러므로 현재로서는 창힐이 단지
초창기의 글자들을 만들거나, 또는 정리하였을 것이라는 것이 일반적
으로 받아들여지는 견해이다.

2. 中國語(중국어)

중국어는 중국에서 쓰이는 언어로서, 이는 표의문자인 한자를 기
반으로 한다. 앞에서 설명했다시피 표의문자는 자음과 모음으로 이
뤄진 것이 아니라 단지 뜻을 전달하는 문자이므로, 사실 문자 자체에
는 정해진 소리가 없다. 하지만 언어로서의 조건을 갖추려면 쓰기 이
외에도 읽기와 말하기 그리고 듣기가 가능해야하므로, 중국인들은 표
의문자인 한자에 고정된 소리를 개별적으로 부여하여 사용했다. 나

아가 이 개별적인 한자를 단독으로 쓰거나 혹은 둘 이상의 문자들을 조합하여 단어를 만들고, 여기에 정형화된 문법에 맞춰서 말하기와 듣기 그리고 쓰기와 읽기를 병행했던 것이다. 그러므로 한자와 중국어는 완전히 같은 개념이라고 말할 수는 없고, 한자는 중국어에 있어서 쓰기의 주체가 되는 문자라고 설명할 수 있다. 다시 말해서 한자는 표의문자이지만 중국어는 그러한 한자에 소리를 인위적으로 더한 것이기에, 어떤 의미에서 보면 중국어는 표의문자의 주된 기능인 쓰기에다 표음문자의 특징인 읽기 말하기와 듣기를 보강한 복합적인 언어라고 말할 수 있을 것이다.

그렇다면 중국어 이외에 漢語(한어)라고 불리는 것은 무엇이고, 또 중국어와 이 한어 사이에는 어떠한 공통점과 차이점들이 있을까? 중국의 마지막 왕조였던 淸(청)나라의 지배민족은 외부민족인 滿洲族(만주족)이었다. 따라서 본래 중국의 주인이었던 신분에서 피지배계급으로 바뀐 漢族(한족)은 당시 지배계급인 만주족에게 大人(대인: 어르신, 나리)이라는 敬稱(경칭) 즉 높임말을 붙여서 '滿大人(만대인, mǎn dà rén)'이라고 호칭했다.

후에 서양인들이 중국에 와서는 자연스레 '당신은 누구인가?'라고 물었을 것이고, 이에 중국인들은 자신을 'mǎn dà rén'이라고 소개했을 텐데, 서양인들은 중국어에 생소했기 때문에 'mǎn dà rén'을 聲調(성조)가 없는 'man da ren'으로 인지했던 것이다. 주지하다시피 영어는 그 나라 민족을 뜻하는 단어와 그 민족의 언어를 동일시하여 사용한다. 마치 영국인은 'English'이고 그 민족이 쓰는 언어 역시 'english'가 되듯이. 따라서 'man da ren'은 중국에 사는 민족이라는 의미에서

한자와 중국어

자연스레 그들이 사용하는 언어라는 의미로까지 파생되고, 이 'man da ren'의 발음은 서양인들의 편의에 맞게 다시 'mandarin'으로 바뀌게 된 것이니, 이것이 '만다린'의 변천과정이 된다. 즉 '만다린'은 중국 청나라 시기 '滿大人(만대인, mǎn dà rén)'이 사용한 통용어라는 의미를 지니므로, '만다린'은 오늘날 중국의 표준어를 의미하는 '普通話(보통화)' 혹은 臺灣(타이완: 대만)의 표준어를 의미하는 '國語(국어)'와 같은 개념으로 쓰인다.

그러므로 오늘날 널리 쓰이는 '중국어'의 영어 단어인 'chinese'는 거시적 관점의 중국어 즉 方言(방언: 사투리)과 소수민족언어를 포함하는 중국인들이 쓰는 모든 언어를 가리키므로 '中國語(중국어)'와 같은 개념이 되고, 'mandarin'은 미시적 관점의 중국어 즉 표준어를 지칭하므로 '漢語(한어)'와 같은 개념이 된다고 이해할 수 있다.

지금 한국에서는 중국에서 쓰이는 표준말을 '中國語(중국어)'라고 표기한다. 물론 이는 '漢語(한어)'의 잘못된 표현임을 모두가 알고 있지만, 중국인들은 '韓國語(한국어)'를 줄여서 '韓語(한어)'라고 표현하므로, 불필요한 오해가 발생할 것을 미연에 방지하기 위해서 일부러 '중국어'라고 표현하고 있음 역시 이해해야 할 것이다.

3장 文字改革(문자개혁)

1. 문자개혁의 배경과 과정

1911년 辛亥革命(신해혁명)으로 중국의 마지막 왕조인 청나라가 멸망하고, 중국 대륙에 공화국인 中華民國(중화민국)이 건립되었다. 당시 중국에는 서양 열강의 외세 침입으로 인해 봉건제도를 타파해야 한다는 분위기가 조성되었고, 이와 병행하여 漢字(한자)위주의 표의문자가 부국강병을 저해한다는 인식이 팽배해 있었다. 이를 간단하게 설명하면, 당시 중국은 자신이 세계의 최강이라고 여겨왔는데, 서양 열강의 군대에 너무나도 쉽게 무너지자, 가장 중국다운 것이 가장 위대한 것이라는 가치관에 회의감을 가지기 시작한 것이다.

이러한 사회 분위기 속에서 1913년 中國讀音統一會(중국독음통일회)에 의해 새로운 형식의 중국어가 제정되어 1918년에 중화민국 교육부가 공표하였는데, 당시 이 표음문자의 정식명칭은 注音字母(주음자모)였고, 이는 한자를 대신하는 문자 즉 표음문자를 표방했다. 하지만 1930년에 표음문자로서의 주음자모는 결국 '注音符號(주음부호)'로 개칭되면서 한자의 발음기호로 축소되고 말았으니, 문자에서 한자의 발음을 표기하는 부호로 전락한 것이다. 그리고 1949년 國民黨(국민당)과 共産黨(공산당)의 내전으로 영토의 상당 부분을 중화인민공화국에게 잃게 된 국민당이 臺灣(대만=타이완=자유중국)으로 이주하게 되면서, 주음부호는 이제 중국 대륙이 아닌 타이완에서 사용하는 발음부호가 되었다.

1921年 공산당 창당 이래 毛澤東(모택동) 主席(주석)은 일련의 정책을 통한 국가 개혁을 추진한다. 그런데 개혁 추진을 위한 국민과의 의사소통 수단으로는 文字(문자)를 통한 布告(포고)가 유일한 방법이었으니, 당시에는 오늘날과 같은 라디오나 TV 등의 매체를 통한 宣傳(선전)이 불가능했기 때문에 大字報(대자보)를 이용할 수밖에 없었던 것이다. 하지만 정부와 국민 간의 유일한 상호 연계 수단인 대자보는 문자를 통해 알리는 것인데, 주지하다시피 한자는 복잡하거니와 대중이 학습하기가 쉽지 않았기 때문에, 정책 추진에 아주 커다란 걸림돌이 되었다. 다시 말해서 당시 중국에는 文盲(문맹)들이 대단히 많았기 때문에, 새로운 정책이 결정되어서 대자보를 통해 통보되어도, 국민들 대다수가 그 내용을 이해하지 못해 수많은 문제점들이 빈번하게 발생하게 된 것이다.

또 이러한 상황과 맞물려서, 당시 근대중국에서는 진화론적 헤겔

주의(Hegelianism) 사고에 입각한 "한자는 야만적이고 오히려 표음문자가 문명적이다."라는 견해가 만연해 있었다. 따라서 모택동 주석은 중국의 발전을 위한 새로운 길을 모색하게 되었으니, 그는 당시 문자 정책의 책임자였던 吳玉章(오옥장)에게 "중국이 발전하기 위해서는 표음문자의 방향으로 나아가야 한다."고 지시했던 것이다. 이처럼 기존의 문자인 한자가 오히려 국가 발전에 방해가 된다는 결론에 이르게 되자, 중국은 새로운 문자의 필요성에 대해 심각하게 논의하게 되고, 이에 학습 자체가 어려운 표의문자인 한자를 포기하고 세계화 추세의 표음문자로 전환하려는 움직임이 일게 되었다.

일반적으로 표음문자를 표방하는 새로운 문자 창제에는 두 가지 방법이 있는데, 하나는 세종대왕의 한글 창제처럼 완전히 새로운 문자를 만드는 것이고, 또 하나는 널리 사용되고 있는 기존의 문자를 빌려 쓰는 경우가 그것이다. 하지만 한글의 경우도 예외는 아니었듯이, 기존에 없었던 전혀 새로운 문자를 만든다는 것은 참으로 고된 작업의 연속이다. 더군다나 창제과정에서 보급까지에는 최소한 수십 년이라는 긴 세월을 필요로 한다. 바꿔 말해서 표음문자로의 전환 작업 기간 동안, 모택동 주석은 그간 자신이 구상했던 국가 주요 정책의 입안에서 결정 나아가 실시까지의 일련의 사업들을 모두 포기해야 할 수도 있었던 것이다. 따라서 모택동 주석은 당시 널리 사용되고 있는 기존의 표음문자를 빌려 쓰는 방안으로 우회하게 되니, 바로 세계 각국에서 가장 보편적으로 사용되는 통용어 즉 영어의 알파벳으로 중국어 발음을 표기하고 나아가 이를 그대로 문자화하는 반면, 기존의 한자는 완전히 포기하도록 했다. 하지만 이러한 구상은 태생적인 한

계와 자체적인 모순을 지니고 있었으니, 중국의 한자 포기는 수천 년 동안 한자로 기록되어온 선조들의 민족문화유산을 스스로 부정하고 포기하는 결과를 초래하게 된다는 점이었다.

이처럼 문맹률을 높이기만 하고 나아가 국가 발전까지도 저해하는 주원인으로 생각했던 한자이지만, 그럼에도 이를 포기할 수 없는 운명을 지닌 중국은 표음문자로의 전환을 포기하기에 이르렀다. 하지만 그렇다고 다시 원점으로 돌아와 수수방관할 수도 없는 법. 결국 중국은 비록 표음문자로의 전환에는 실패했지만, 그래도 문맹률만큼은 최대한 낮출 수 있는 방안을 검토하게 되고, 이에 한자 학습과 활용을 방해하는 주원인인 복잡한 劃數(획수)라도 간편하게 줄이자는 방안을 세우게 된다. 그리고 1955년 제1차 異體字整理表(이체자정리표) 제정과 뒤이은 1964년 2238字(자)의 常用簡體字(상용간체자) 제정을 통해서, 기존의 한자보다 배우기 쉽고도 쓰기 쉬운 간단한 문자로 우회하여 사용하기 시작했으니, 기존의 한자는 쓰기가 번거로워서 '繁體字(번체자)'라고 부른 반면, 개정된 한자는 간단하다고 해서 '簡體字(간체자)'라고 명명하게 된 것이다.

이와 더불어서 중국은 영어의 알파벳으로 중국어 발음을 표기하여 표음문자화 하려했던 당초의 결과물들을 그냥 폐기하지 않고, 오히려 간체자의 발음을 표시하는 부호로나마 전환시켜 활용하기 시작했으니, 이것이 바로 오늘날 중국어의 발음부호 표기방식인 漢語倂音子母(한어병음자모)가 된다.

2. 주음부호와 한어병음자모 비교

注音符號(주음부호)의 前身(전신)은 청나라 말엽에 존재했던 '만다린' 合成字母(합성자모)의 영향을 받아서 만들어진 '注音字母(주음자모)' 즉 표음문자로서, 일본어 가타카나(ヵタヵナ)와 마찬가지로 漢字(한자) 楷書體(해서체)의 劃(획) 일부를 본떠서 만들었다. 좀 더 구체적으로 말하자면, 근대시기 중국인들이 '가타카나'를 보고 거기서 착안하여 한자의 기본 획수를 이용해 만든 것이 '주음자모'인 것이다. 하지만 위에서도 간략하게 소개했다시피, 표음문자로서의 '주음자모'는 1930년에 결국 '주음부호'로 개칭되면서 발음기호로 전환되었고, 1949년 국민당이 타이완으로 이주하게 되면서, 지금은 타이완에서만 사용하고 있다.

주음부호의 장점은 자음부호와 모음부호에 고정된 音價(음가)가 있기 때문에, 일단 이 부호들을 외우고 나면 틀린 발음을 구사하지 않게 된다는 것이다. 하지만 문자인 漢字(한자)와 별도로, 또 부호를 일일이 외워야 한다는 단점이 있다.

역시 앞에서 간략하게나마 설명한 바 있듯이 漢語倂音子母(한어병음자모)의 前身(전신)은 표음문자이지만, 1958년 漢語倂音方案(한어병음방안)에 따라 공식 제정된 부호로서, 지금은 중국 대륙에서 사용한다. 이 발음부호는 새로이 만들지 않고, 학습의 용이함을 위해 세계적으로 가장 보편화된 표음문자인 영어의 알파벳을 빌려 발음부호로 만든 것이다. 하지만 '한어병음자모'의 알파벳과 영어 알파벳은 전혀 상관이 없음에 유의해야 하니, '한어병음자모'는 어디까지나 중국어의 발음과 가장 유사한 알파벳을 조합하여 빌려 쓴 발음부호이고, 영어의 알파벳은 표음문자이기 때문에 그 자체로 문자인 것이다. 따라서 영어로서의 알파벳과 '한어병음자모'로서의 알파벳 발음에는 일정한 차이가 있다.

'한어병음자모'의 장점은 알파벳을 배운 사람들은 누구나 별도의 학습 없이도 쉬이 중국어 발음을 따라할 수 있다는 점이다. 반면에 자기도 모르게 자꾸 무의식적으로 '한어병음자모'를 영어 발음과 혼동함으로써, 부정확한 발음을 구사할 가능성이 높은 것은 단점이라고 할 수 있다.

따라서 필자는 '주음부호'와 '한어병음자모'의 병행학습을 추천한다. '한어병음자모'는 기존의 영어식으로도 쉬이 따라 읽을 수 있기 때문에 사람마다 발음이 제각각일 수 있는 반면, '주음부호'는 각각의 고정된 음가를 지니고 있어서 잘못된 발음으로 읽을 가능성이 없기 때문이다.

이제 상술한 이론을 바탕으로 직접 '주음부호'와 '한어병음자모'를 비교해보도록 하자. 참고적으로 말하자면, '주음부호'와 '한어병음자모' 옆에 비슷한 발음의 한글을 달아두었는데, 이는 어디까지나 참고용으로서 한글 발음과는 일정한 차이가 있음에 유념하기 바란다.(이 부분부터 4장까지의 내용은 필자의 또 다른 저서 『중국어 설청사일체 발음 기본편』(어문학사, 2010)에서 인용했음을 밝혀둔다.)

注音符號 漢語倂音子母 대조표

	注音符號	漢語拼音符號	한글 발음(참조)
子音1群	ㄅ	b	ㅂ/ㅃ
	ㄆ	p	ㅍ
	ㄇ	m	ㅁ
	ㄈ	f	ㅎ(=영어 f)
子音2群	ㄉ	d	ㄷ/ㄸ
	ㄊ	t	ㅌ
	ㄋ	n	ㄴ
	ㄌ	l	ㄹ
	ㄍ	g	ㄱ/ㄲ
	ㄎ	k	ㅋ
	ㄏ	h	ㅎ(=영어 h)

子音 부분을 유사한 한글로 옮겨 놓은 도표를 보면, 'ㄱ'으로 표기하고 옆에 또 'ㄲ'으로 倂記(병기)한 부분이 있는데, 이러한 현상은 'ㄷ'과 'ㄸ', 'ㅂ'과 'ㅃ', 'ㅅ'과 'ㅆ', 'ㅈ'과 'ㅉ' 부분에서도 동일하게 나타남을 알 수 있다.

그 이유는 中國語에는 5개의 聲調(성조)가 존재하는데, 각 발음의 강약(强弱)이 성조에 따라 변하기 때문에, 어떤 성조에서는 발음이 상대적으로 부드럽게, 어떤 성조에서는 상대적으로 강하게 나오게 되어

임의적으로 이렇게 표기한 것이다. 구체적인 설명은 聲調篇(성조편)
에서 보다 자세하게 설명하고자 한다.

	注音符號	漢語拼音符號	한글 발음(참조)
子音3群	ㄐ	j	ㅈ/ㅉ
	ㄑ	q	ㅊ
	ㄒ	x	ㅅ/ㅆ
子音4群	ㄓ	zh	ㅈ/ㅉ
	ㄔ	ch	ㅊ
	ㄕ	sh	ㅅ/ㅆ
	ㄖ	r	ㄹ(=영어 r)
子音5群	ㄗ	z	ㅈ/ㅉ
	ㄘ	c	ㅊ
	ㄙ	s	ㅅ/ㅆ

	注音符號	漢語拼音符號	한글 발음(참조)
母音	ㄚ	a	아
	ㄛ	o	오어
	ㄜ	ē	으어
	ㄝ	e	에
	ㄞ	ai	아이
	ㄟ	ei	에이
	ㄠ	ao	아오
	ㄡ	ou	어우
	ㄢ	an	안
	ㄣ	en	언
	ㄤ	ang	앙
	ㄥ	eng	엉
	ㄦ	er	얼(=영어 er)
	ㄧ	i	이
	ㄨ	wu	우
	ㄩ	yu	위

3. 複母音(복모음)

子音과 母音, 母音과 母音의 결합

子音과 母音의 결합, 혹은 母音 두 개의 결합인 復母音은 기본적으로 그동안 학습한 개별 발음들을 단순히 조합하기만 하면 된다.

母音과 母音의 결합의 예외사항

모음과 또 다른 모음을 결합하여 읽는 복모음 중에서 발음이 변형되는 경우가 있는데, 이런 경우에는 부득이하게 따로 암기해야 한다.

注音符號	漢語拼音符號	한글 발음(참조)
① ㅣㄢ	yan	이앤
② ㅣㄣ	yin	인
③ ㅣㄥ	ying	잉
④ ㄩㄢ	yuan	위앤
⑤ ㄩㄣ	yun	윈
⑥ ㄩㄥ	yong	(유)용
⑦ ㄨㄥ	weng	우엉

　　① 'ㄢ (an)' 발음 앞에 'ㅣ (yi)'계열 모음(ㄩ (yu) 포함)이 오는 경우, '이안' 발음이 'yan(이앤)'으로 변형된다.

② 'ㄴ(en)' 발음 앞에 'ㅣ(yi)'계열 모음(ㅠ(yu) 포함)이 오는 경우, '이언' 발음에서 '어' 발음이 탈락해서 'yin(인)'으로 변형된다.

③ 'ㄴ(eng)' 발음 앞에 'ㅣ(yi)'계열 모음(ㅠ(yu) 포함)이 오는 경우, '이엉' 발음에서 '어' 발음이 탈락해서 'ying(잉)'으로 변형된다.

④ ①에서 설명했듯이, ㅠ(yu) 모음은 'ㅣ(yi)'계열 모음이기 때문에, '위안' 발음이 'yuan(위앤)'으로 변형된다.

⑤ ②에서 설명했듯이, ㅠ(yu) 모음은 'ㅣ(yi)'계열 모음이기 때문에, '위언' 발음이 'yun(윈)'으로 변형된다.

⑥ '위'와 '엉' 발음의 조합으로 '(유)용'으로 발음 변형된다.
　주의해야 할 것은 이 표기법의 정확한 발음이 '용'과 '융'의 중간 발음으로, 발음하기 전에는 '유' 발음을 하기 위한 입술모양을 하였다가, 정작 발음이 날 때에는 '용' 발음의 입술모양을 만들어 소리를 내야 한다는 점이다.
　앞에 새로운 子音이 붙으면 漢語倂音은 'yong'에서 'iong'으로 바뀜에 유의한다.

⑦ '우'와 '엉' 발음의 조합으로, 漢語倂音 표기로는 'weng'이지만 앞에 새로운 子音이 붙으면 'weng'이 '-ong'으로 바뀜에 유의해야 한다. 이 점은 바로 뒤의 '특수 복모음' 부분을 참고하여 이해할 수 있다.

4. 特殊(특수) 復母音 'ㄨㄣ(Wen)'

'ㄨㄣ(Wen)'은 앞에 子音이 있는 경우와 없는 경우의 發音과 漢語 併音 표기가 다르다.

앞에 자음이 없는 경우: 말 그대로 'ㄨ(wu), 우'와 'ㄣ(en), 언'의 발음이 단순히 합쳐져서 'ㄨㄣ(Wen), 우언'으로 발음한다.

예1 文 : ㄨㄣ(wen)

앞에 자음이 있는 경우: 이러한 경우, 앞의 ⑦번 상황과 비슷하게 '(우)온'으로 발음이 변형된다.

한어병음은 '~un'으로 변형된다.

이 표기법의 정확한 발음은 '운'과 '온'의 중간 발음으로, 발음하기 전에는 '우' 발음을 하기 위한 입술모양을 하였다가, 정작 발음이 날 때에는 '온' 발음의 입술모양을 만들어 소리를 내야 한다는 점에는 유의한다.

예2 春 : ㄔㄨㄣ(chun)　　　村 : ㄘㄨㄣ(cun)

5. 聲調(성조)

聲調(성조)

中國語는 각 文字마다 고유의 發音(발음)이 있고, 그 발음마다 고유의 소리 높낮이가 존재하는데, 그러한 소리의 높낮이를 聲調(성조)라고 한다.

한 글자의 발음이 아무리 길어도 무조건 1音節이고, 중국어의 모든 문자에는 고유의 성조가 존재한다.

聲調에는 1성, 2성, 3성, 4성, 輕聲(경성)의 5種類(종류)가 있다.

이러한 성조는 발음부호(漢語倂音子母, 注音符號) 윗부분에 표시하기로 약속한다.

| 예 | 我 : wǒ | 好 : hǎo | 就 : jiù |

a〉e = o〉i〉u

성조는 반드시 母音 위에 표기하는데, 그 순서는 다음과 같다.

만약 a가 있으면 a 위에, a가 없으면 상술한 대로 e, o, i, u 順(순)으로 표시한다.

중국어 발음에서 e 모음과 o 모음이 동시에 오는 경우는 없기 때문에 =로 표시하였다.

i 와 u가 함께 있는 경우는 특수한 경우로, 성조를 무조건 뒤쪽에 표시한다.

1聲(ˉ)

소리의 높낮이가 처음부터 끝까지 같은 音(음)의 성조이다.

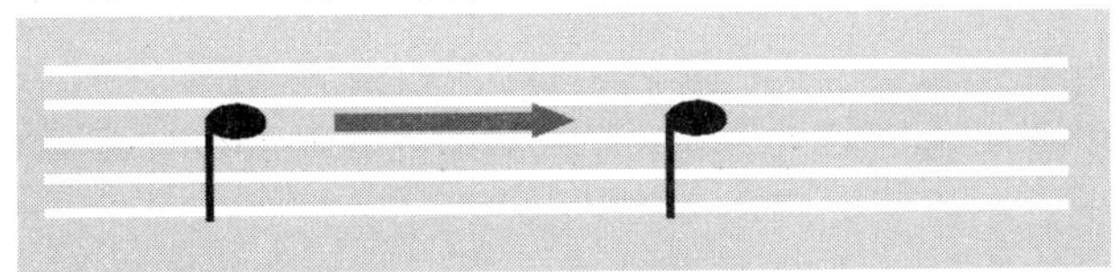

발음부호의 모음 위에 ' ˉ '로 표시한다.

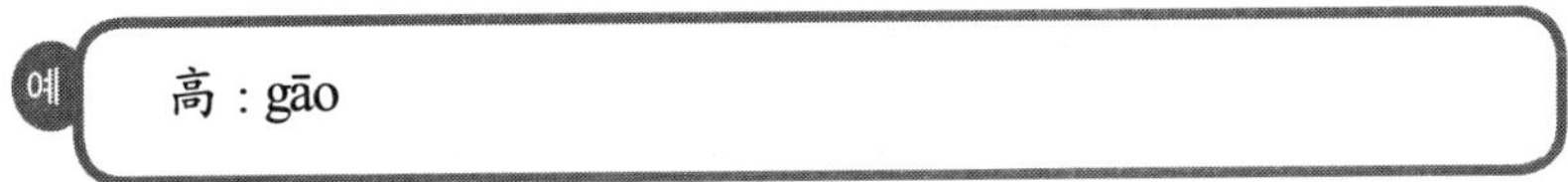

高 : gāo

발음을 '높은 음 도'와 같이 다소 높게 잡는 것이 좋다.

1성은 소리의 높낮이가 높기 때문에 발음이 비교적 강하게 난다. 따라서 子音이 'ㄱ'보다는 'ㄲ'으로, 'ㄷ'보다는 'ㄸ'으로, 'ㅂ'보다는 'ㅃ'으로, 'ㅅ'보다는 'ㅆ'으로, 'ㅈ'보다는 'ㅉ'으로 더 흡사하게 소리가 난다.

2聲(´)

소리의 높낮이가 낮은 음에서 높은 음으로 올라가는 성조이다.

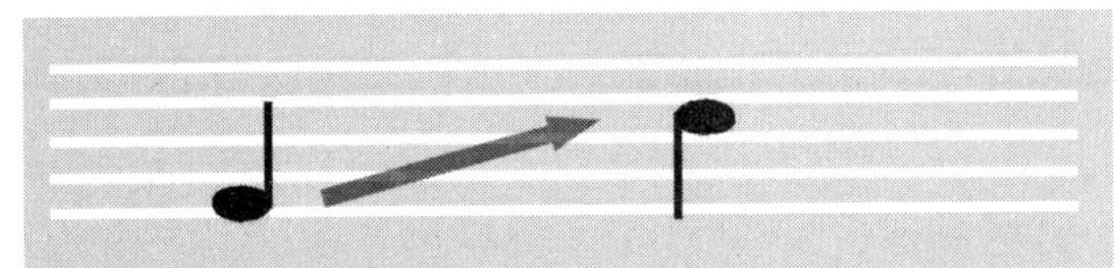

발음부호의 모음 위에 ' ´ '로 표시한다.

留 : liú

소리를 낮은 음에서 높은 음으로 자연스럽게 끌어올리는 느낌으로 발음한다.

2성은 소리의 높낮이가 낮은 곳에서 높은 곳으로 올라가기 때문에 발음이 비교적 부드럽게 난다. 따라서 子音이 'ㄱ', 'ㄷ', 'ㅂ', 'ㅅ', 'ㅈ'과 더 흡사하게 소리 남에 유의한다.

3聲 (ˇ)

소리의 높낮이가 낮은 음에서 더 낮아졌다가 다시 높은 음으로 올라가는 성조이다.

발음부호의 모음 위에 'ˇ'로 표시한다.

酒 : jiǔ

소리를 낮은 음에서 더 낮췄다가 다시 높은 음으로 자연스럽게 끌어올리듯이 발음한다.

3성 역시 2성과 마찬가지로 소리의 높낮이가 낮은 곳에서 높은 곳

한자와 중국어

으로 올라가기 때문에 발음이 비교적 부드럽게 난다. 따라서 子音이
'ㄱ', 'ㄷ', 'ㅂ', 'ㅅ', 'ㅈ'과 더 흡사하게 소리 남에 유의한다.

4聲 (`)

소리의 높낮이가 높은 음에서 낮은 음으로 떨어지는 음의 성조
이다.

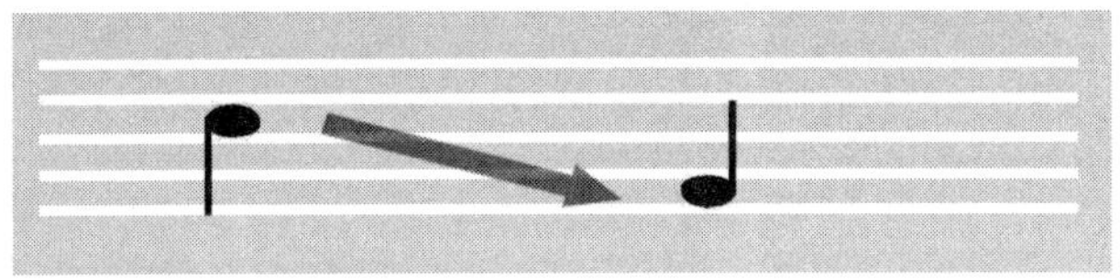

발음부호의 모음 위에 ' ` '로 표시한다.

예 最 : zuì

소리를 높은 음에서 낮은 음으로 최대한 빨리 자연스럽게 끌어내
리는 느낌으로 발음한다.

4성은 소리의 높낮이가 높은 곳에서 낮은 곳으로 내려오기 때문에
발음이 비교적 강하게 난다. 따라서 子音이 'ㄲ', 'ㄸ', 'ㅃ', 'ㅆ', 'ㅉ'과
더 흡사하게 소리 남에 유의한다.

輕聲 (·) 경성

소리의 높낮이가 전혀 없이, 매우 낮은 음에서 살짝 점을 찍고 빠
지는 느낌으로, 매우 짧고 부드럽게 발음하는 성조이다.

발음부호의 모음 위에 ' ‥ '로 표시하거나 아예 성조 표시를 하지 않는다.

 吧 : ba

소리를 최대한 낮게 잡아, 마치 가볍게 점을 찍고 재빨리 빠지는 듯이 발음한다. 輕聲(경성)의 의미는 가벼운 소리라는 뜻이다.

소리의 높낮이가 매우 낮거니와 아주 짧고 부드럽게 끝난다. 따라서 子音이 'ㄱ', 'ㄷ', 'ㅂ', 'ㅅ', 'ㅈ'과 더 흡사하게 소리 남에 유의한다.

6. 變則聲調(변칙성조)

中國語 각 文字마다 존재하는 고유의 聲調가 뒷 글자 성조의 영향으로 실제로 발음할 때에는 변하는 현상이다.

하지만 성조를 표기할 때에는 본래의 성조 그대로 표기함에 유의해야 한다.

이러한 현상은 고정된 몇 가지의 경우에만 발생한다.

5가지 聲調 중에서 소리의 길이가 가장 긴 것이 3聲인데, 이러한 3

성을 연속적으로 읽으면 호흡도 곤란하거니와 발음하기도 불편하다.

따라서 이러한 경우에는 앞의 3聲이 2聲으로 바뀌어 발음의 편의를 추구하게 된다.

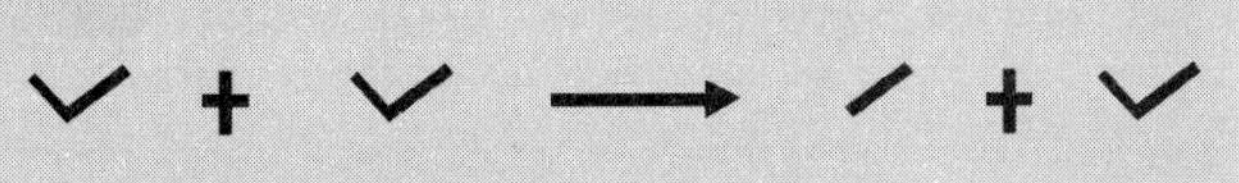

你好 (nǐ hǎo) → (ní hǎo)

3성 + 3성 + 3성인 경우도 역시 앞에서 설명한 이치대로 맨 마지막의 3성만 남겨두고 모두 2성으로 바뀌어 2성 + 2성 + 3성으로 발음하면 된다.

3성 뒤에 2성이 오는 경우, 5가지 성조 중에서 소리의 길이가 가장 긴 3성을 다 발음한 후 다시 2성을 읽기는 상당히 불편하다.

따라서 3성 + 2성의 경우 半3聲(반3성) + 2성으로 변형시켜 발음한다.

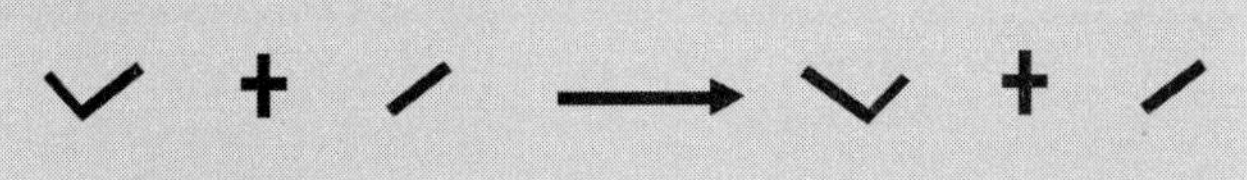

打嗝 (dǎ gé)

半3聲(반3성)이란 3성의 소리 높낮이와 길이를 변형시킨 것으로, 일반적으로 음의 중간에서 낮췄다가 다시 최고로 올려 읽는 3성과 달

리, 발음의 시작을 3성보다 더 높게 잡고 소리의 높낮이를 최대한 낮
췄다가 살짝 올려주며 끝낸다.

이렇게 반3성을 발음한 후, 바로 그 뒤에
2성 발음을 붙여 읽어주면 된다.

즉 3성을 반3성으로 바꿔 읽고, 그 뒤에 바로 2성을 붙여 읽는다.

一 (yī)

'하나'의 의미를 지니는 '一(yī)'는 본래 1聲이지만, 뒷글자의 聲調
에 따라 변한다.

一 + 1성 : 4성으로 변한다.

예1   一天 : yī tiān   →   yì tiān

一 + 2성 : 4성으로 변한다.

예2   一年 : yī nián   →   yì nián

一 + 3성 : 4성으로 변한다.

예3   一本 : yī běn   →   yì běn

一 + 4성 : 2성으로 변한다.

예4   一样 : yī yàng   →   yí yàng

不 (bù)

‘아니다’라는 否定(부정)의 의미를 지니는 ‘不(bù)’는 본래 4聲이지만, 뒤에 4성의 글자가 오면 변한다.

不 + 4성 : 2성으로 변한다.

예   不要 : bù yào   →   bú yào

4장 중국어의 종류

1. mandarin - 중국의 표준어

mandarin은 滿大人(만대인)의 중국 표준발음 'man da ren'이 영어식 발음으로 변형된 것이다.

중국의 마지막 王朝(왕조)인 清朝(청조)의 지배민족은 외부민족인 滿洲族(만주족)이다.

따라서 清朝의 피지배계급인 漢族(한족)은 당시 지배계급인 滿洲族에게 大人(대인)이라는 敬稱(경칭-높임말)을 붙여서 '滿大人(만대인, man da ren)'이라고 호칭했다.

즉 '만다린'은 중국 清朝 시기, '滿大人(만대인, man da ren)'이 사용한 通用語(통용어)라는 의미를 지닌다.

이는 오늘날 중국의 標準語(표준어)를 의미하는 普通話(보통화)와 같은 개념으로 쓰인다.

오늘날 널리 쓰이는 '중국어'의 영어 단어인 'chinese'는 거시적 관점의 중국어, 즉 방언을 포함하는 중국인들이 쓰는 모든 언어를, 'mandarin'은 미시적 관점의 중국어, 즉 표준어를 지칭한다고 이해해도 무방하다.

오늘날 중국의 모든 지역에서는 普通話(보통화), 즉 표준어를 사용하고 있다.

2. cantonise - 廣東省(광동성) 方言(방언)

廣東省(광동성) 지역의 사투리로, 오늘날 표준 중국어인 普通話(보통화)와 더불어 가장 널리 알려진 중국의 대표 방언이다.

광동어는 오늘날 香港(홍콩)을 포함한 九龍半島(구룡반도)에서 널리 쓰인다. 廣東(광동)지역이 광동어로는 'canton'으로 발음되기 때문에, 이 지역 방언을 영어로 'cantonise'라고 부르게 되었다.

80년대를 풍미했던 영화 英雄本色(영웅본색), 倩女幽魂(천녀유혼) 등은 모두 廣東語로 촬영된 것이다.

3. 閩南語(민남어) - 福建省(복건성) 方言

    福建省(복건성) 지역의 사투리인데, 이 지역 사람들이 臺灣(대만 = 타이완)으로 많이 이주했기 때문에, 오늘날 臺灣에서도 보편적으로 쓰이는 언어이다.

    타이완 정부에서는 國語(국어, 普通話와 같은 개념)를 표준어로 규정하여 普通話 사용에 문제가 없으나, 아직도 상당수가 閩南語를 구사하고 있다.

4. 其他(기타) 方言

    한국에서도 각 지역마다 방언이 존재하듯이, 중국에도 각 지역과 민족마다 고유의 方言이 존재한다.

> 예　山東 方言(산동 방언), 上海 方言(상하이 방언) 등등.

5장 漢字의 제자원리

六書(육서)

세상의 모든 문자에는 소위 製字原理(제자원리)가 있다. 다시 말해서 모든 문자는 임의로 만들어진 것이 아니라, 일정한 원칙에 의해서 만들어지는 것이다. 따라서 한자 역시 정해진 규칙에 의거하여 만들어졌는데, 그 형성 과정을 크게 여섯 가지로 나눠 六書(육서)라고 한다. 이는 東漢(동한) 때의 학자 許愼(허신)이 [說文解字(설문해자)]에서 한자를 '象形(상형)', '形聲(형성)', '指事(지사)', '會意(회의)', '轉注(전주)', '假借(가차)' 등 여섯 가지 방법으로 나누어 설명한 것에 기초한다.

1. 象形(상형)

상형을 뒤집으면 形象(형상)이 되므로, 상형문자를 간단하게 설명하면 사물의 형상 즉 모양을 그대로 문자로 표현한 것이라고 할 수 있다. 따라서 형상 즉 모양이 곧 의미가 되는 것이다.

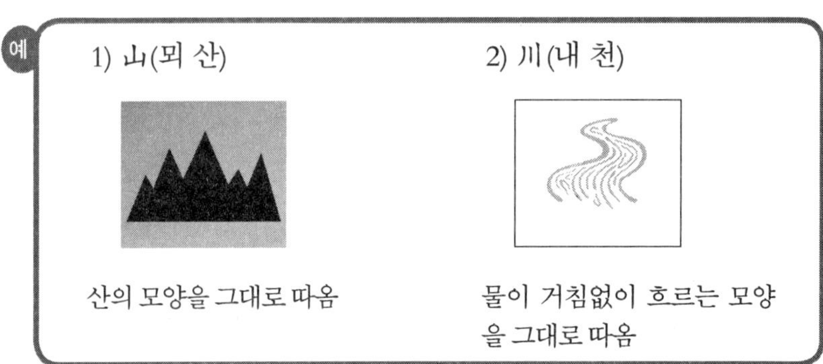

2. 形聲(형성)

위에서 形(형)은 모양이고, 모양은 곧 의미가 된다고 설명한 바 있다. 따라서 형성문자는 의미를 나타내는 문자에 聲(성) 즉 소리를 맡는 문자를 더한 것이니, 이러한 형성문자는 모두 두 개의 문자로 다시 나눌 수 있다. 다시 말해서 두 개의 문자 중에서 하나는 의미를, 또 하나는 소리를 담당한다.

그런데 여기서 중요한 것은 형성문자에서 의미를 나타내는 단어를 볼 때, 그 의미와 관련된 여러 특징들을 최대한 많이 이끌어내는 것이 특히 중요하다는 점이다.

예1
騎(말 탈 기): 馬(말 마) ＋奇(기이할 기)

왼쪽의 馬(말 마)에 의미가 있고, 오른쪽의 奇(기이할 기)에서 소리를 따옴. 그래서 말을 탄다는 의미로 쓰임

그런데 이러한 형성문자에서 소리를 담당하는 문자는, 소리 외에 그 의미까지도 영향을 줄 수 있다.

예2
艙(선창 창): 舟(배 주) ＋ 倉(곳집 창)

왼쪽의 舟(배 주)에 의미가 있고, 오른쪽의 倉(곳집 창)에서 소리를 따옴. 하지만 倉(곳집 창)의 '창고, 방'이라는 의미가 더해져서, '배 안의 집, 선실, 선창'이라는 뜻이 만들어짐

3. 指事(지사)

일반적인 사물에는 각각의 고정된 형태 즉 모양이 있고, 그것을 문자로 표현한 것이 상형문자이다. 그런데 일반적인 사물(일반명사)과 달리 '사랑'과도 같은 형이상학적 개념(추상명사)에는 고정된 형태가

없으므로, 이를 문자로 표현하기에는 대단히 큰 어려움이 있다. 바로 이러한 고정적인 형태가 없는 형이상학적 개념을 고정적인 형태로 형상화하여 표현한 문자가 지사문자이다.

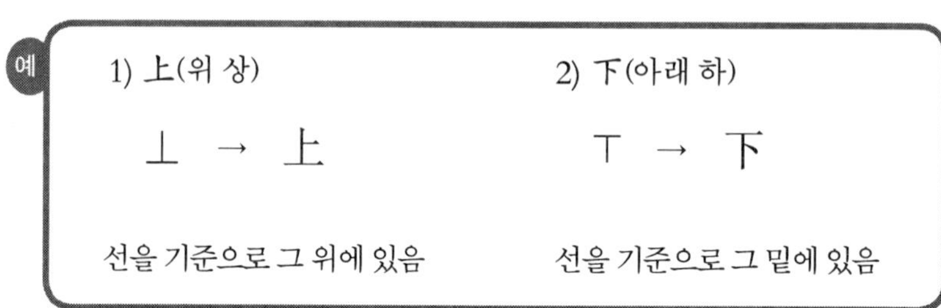

4. 會意(회의)

형성문자는 의미를 나타내는 문자에 소리를 맡는 문자를 더한 것으로, 이러한 형성문자는 모두 두 개의 문자로 다시 나눌 수 있다고 설명한 바 있다. 회의문자 역시 형성문자와 같이 두 개의 문자로 다시 나눌 수 있는데, 다만 형성문자와는 달리 두 글자 모두 의미를 제공하고, 이 두 의미가 합쳐져서 새로운 뜻을 파생시킨다.

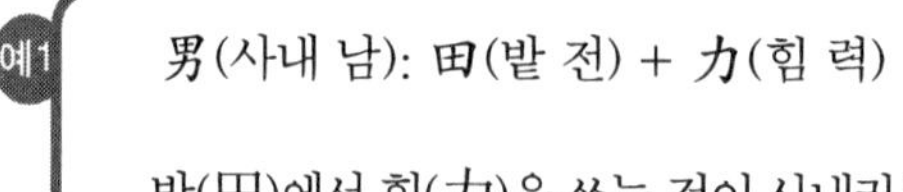

한자와 중국어

 好(좋을 호): 女(계집 여) + 子(아들 자)

여자와 남자가 같이 있으면 좋다는 의미를 파생시킴.

*그런데 好(좋을 호)가 㛅(좋을 호)와 異形同意字(이형동의자: 모양은 다르지만 뜻이 같은 문자)이기 때문에, 혹자는 다음과 같이 분석하기도 한다.

예3 㛅(좋을 호): 母(어미 모) + 子(자식 자)

어미와 자식이 같이 있으면 좋다는 의미를 파생시킴

5. 轉注(전주)

한자를 만드는 규칙에는 여섯 가지의 육서가 있다고 했지만, 사실 기본적인 한자의 제자원리는 지금까지 설명한 4가지가 전부이다. 문제는 지금까지 존재하는 한자의 수가 약 5만에 이르는 것으로 알려져 있고, 실제로 쓰이는 것은 5,000자 정도라고 앞에서 소개한 바 있다는 점이다. 보다 구체적으로 말해서, 21세기를 살아가는 우리에게는 기존에 알고 있는 사물이나 개념 외에 지금 이 순간에도 계속해서 새로운 사물과 개념들이 생겨나고 있는데, 만약 중국인들이 이러한 새로운 사물과 개념들을 계속해서 한자로 만들어내려고 한다면, 한자 수는 과연 얼마나 되어야 할까? 10만? 100만? 아마 상상하기도 어려울 것이다. 따라서 중국인들은 이미 오래 전부터 이러한 문제점에 대해서 고민하기 시작했고, 그 문제점을 해결하기 위해서 고안해 낸 것이 바로 이 다섯 번째와 여섯 번째 제자원리이다. 좀 더 간략하게 말해서, 다섯 번째 제자원리인 전주는 새로운 한자를 더 이상 만들지 않고 기존의 한자에 있는 의미를 확장하여 돌려쓰는 방법인 것이다.

예1

北(북녘 북①, 달아날 배②③④)

이는 두 사람이 서로 등지고 앉아있는 모양을 본뜬 상형문자에서 따왔다. 예로부터 임금은 북쪽을 등지고 남쪽을 향해 앉으므로 ①'북쪽(북)'이라는 뜻을 지녔는데, 여기서 ②'등지다, 저버리다.'라는 의미로 확장되고, 또 여기서 ③'도망치다, 달아나다.', ④'패배하다.'는 의미로까지 파생된 것이다.

更(고칠 경): 又(또 우) + 丙(남녘 병)

又(또 우)는 본디 손으로 쥔 모양을 본뜬 상형문자이다. 따라서 이는 손으로 잡고 친다는 뜻과 '밝다, 빛나다.'라는 의미의 丙(남녘 병)이 합쳐진 회의문자이다. 그러므로 본래는 ①'쳐서 밝게 하다, 고치다, 개선하다, 변경하다'는 의미만을 지니고 있었는데, 여기에서 ②'다시, 더욱'이라는 의미로까지 파생된 것이다.

6. 假借(가차)

마지막으로 여섯 번째 원리인 가차는, 말 그대로 거짓(假: 거짓 가)으로 빌려온(借: 빌 차) 문자를 뜻한다. 즉 이는 필요에 의해서 기존에 존재하지 않았던 사물이나 개념들을 표현해야 하지만, 그에 적합한 한자가 없는 경우에 마치 그러한 한자가 있는 것처럼 거짓으로 빌려와 만든 문자를 뜻한다.

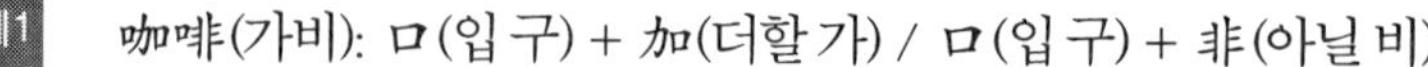

중국에 존재하지 않는 '커피(coffee)'가 서양에서 처음 들어왔을 때, 중국인들은 늘 그래왔듯이 한자로 '커피'를 표기하고자 했다. 하지만 예를 들어서 '커피'를 '黑豆(흑두: 검은콩)'로 대체할 수는 없었다. 왜냐하면 '흑두'라는 곡물은 이미 중국에 존재하고 있었기 때문이다. 따라서 부득이하게 이를 音譯(음역)하여 '咖啡(가비)'라고 발음하고, 나아가 문자로 표기하게 되었다.

사실 '咖啡(가비)'의 제자원리는 형성문자에 기인한다. 즉 소리를 나타내는 加(더할 가)와 非(아닐 비)에, '입으로 마시다.'라는 의미를 나타내는 口(입 구)를 붙여준 것이다. 하지만 '咖(가)'와 '啡(비)'는 본디 존재하지 않았으므로, 후대에 마치 이전부터 있던 것처럼 거짓으로 빌려오는 형식을 취해서 만든 것이다.

이 역시 서양의 '커리(curry)'를 음역하여 만든 가차문자이고, '咖喱(가리)'의 제자원리 역시 형성문자에 기인한다. 즉 소리를 나타내는 厘(다스릴 리)에, '입으로 마시다.'라는 의미를 나타내는 口(입 구)를 붙여준 것이다.

  한자와 중국어

　이는 서양에서 들어온 구기운동 '탁구'의 영어 발음(ping-pong)을 음역한 가차문자이다. '핑퐁'과 '兵(군사 병)'의 중국어 발음(bīng)이 유사하기 때문에, 각각 마침의 한 획을 없애서 거짓으로 만들었다.

한자관계도(원형 숫자는 해당 급수)

◆빨간색 : 部首(부수로만 쓰이고, 문자로는 쓰이지 않음)
　파란색 : 자체 한자(다른 한자의 영향 없이, 자체적으로 형성된 한자)
　검은색 : 파생 한자(부수나 자체 한자에서 확장된 한자)

⑧一(한 일) → ⑧二(두 이) → ⑧三(석 삼)

⑧七(일곱 칠)　⑧九(아홉 구)　⑧民(백성 민)　⑧北(북녘 북)　⑧西(서녘 서)
⑧王(임금 왕)　⑦手(손 수)　⑦方(모 방)

◆癶(등질 발) → ❼登(오를 등) ← ④豆(콩 두) → ❹豊(풍년 풍)

⑦車(수레 거) → ❽軍(군사 군)

　　　　　　　　　　　　　　↗ ❽小(작을 소) → ❼少(적을 소)
　　　　　　　↗ ❽八(여덟 팔) → ❼豊(풍년 풍)
◆口　　　 → ❽四(넉 사) → ❽六(여섯 육)
(에워쌀 위, 큰 입 구)　↘ ❽國(나라 국) ← ◆或(나라 역) ← ❷戈(창 과) ← ㊠弋(주살 익)

　　　　　　↗ ❹干(방패 간)
⑦入(들 입) → ❼內(안 내)
　　　　　　↘ ❼全(온전 전)

⑦下(아래 하) ⇔ ⑦上(위 상) → ❺示(보일 시) → ❼祖(할아비 조) ← ❸且(공경할 저)

　　　　　　　　↗ ❼千(일천 천)
⑧五(다섯 오) → ⑧十(열 십) → ❼世(인간 세)

⑦口(입구) → ❸舌(혀설) → ※❼活(살활)
                      → ※❼話(말씀화)
                      ↗ ❼記(기록기) ← ❼己(몸기)
         ↘ ❺言(말씀언) → ❼語(말씀어)
         ↘ ❹吾(나오)

◆气(기운기) → ❼氣(기운기) ← ❻米(쌀미)

❼同(한가지동) → ❼洞(골동)

         ↗ ❺花(꽃화)
◆七(변할화) → ❼化(될화)

④毛(터럭모) → ❼老(늙을로) → ❺考(생각할고)
                      ↘ ❼孝(효도효) ← ⑦子(아들자)

◆儿   → ❽女(계집녀)
(어진사람인) ↘ ❽兄(형형)
           ↘ ❽長(긴장)
           ↘ ❽人(사람인)
           ↘ ❼文(글월문)
           ↘ ❻交(사귈교)
           ↘ ❽先(먼저선) → ❼市(저자시) ← ◆冂(멀경)
           ↘ ❽母(어미모)
           ↘ ◆廴(길게 걸을인)
           ↘ ◆夂(천천히 걸을쇠)
           ↘ ◆夊(뒤져올치)

❽木(나무목) → ❽校(학교교)
           ↘ ❽東(동녘동)
           ↘ ❼林(수풀림)
           ↘ ❼休(쉴휴) ↗ ❼秋(가을추)

　　　　　　　↘ ❸禾(벼화)　→　❽年(해년)

⑧門(문문)　→　❼間(사이간)
　　　　　　↘ ❼問(물을문)

⑦不(아닐불)　→　❹否(아닐부)

　　　　　　　　　　　　　　　↗ ③丙(남녁병)
③卜(점복)→◆攴/攵(칠복/글월문)　→　❹更(고칠경)　→　❼便(편할편/똥오줌변)
　　　　　　↘ ❼數(셈수)　↖
　　　　　　　❶毋(말무)　→　㈱婁(끌루)　←　⑧中(가운데중)

⑧水(물수)※⑦川(내천)　　→　❼江(강강)
　　　　　　↘ ❼漢(한수한)　←　❹堇(진흙근)　←　❻黃(누를황)　←　❻光(빛광)

④絲(실사)　→　❹紙(종이지)　←　④氏(성씨)

◆仌(얼음빙)　→　❺冰,氷(얼음빙)
　　　　　↘ ❼冬(겨울동)　→　◆夊(뒤져올치)　→　❺終(마칠종)

　　　　　　　　　　　↗ ❼立(설립)
⑧山(메산)　→　❽大(큰대)　→　❼天(하늘천)
　　　　　↘ ❼夫(사나이부)
　　　　　↘ ❽火(불화)

◆宀(갓머리)　→　❼家(집가)　←　㈱豕(돼지시)
　　　　　↘ ❼安(편안안)
　　　　　↘ ❼字(글자자)

⑦午(낮오)　→　㈱舂(찧을용)

⑤雨(비우)　→　❼電(번개전)　←　❹申(납신)

⑤牛(소우) → ❽弟(아우제)
　　　　　　↘ ❼物(물건물) ← ❸勿(말물)
　　　　　　↘ ❺件(물건건)

③又(또우) → ❽寸(마디촌)
　　　　　　↘ ❽父(아비부)
　　　　　　↘ ❽教(가르칠교) ← ①爻(사귈효, 가로그을효)
　　　　　　↘ ❽學(배울학) ↙
　　　　　　↘ ❸辰(별신별진) → ❼農(농사농)
　　　　　　↘ ❺史(사기사) → ❼事(일사)
　　　　　　↘ ❼右(오른우)
　　　　　　↘ ❼左(왼좌)
　　　　　　↘ ❼有(있을유)

③之(갈지) → ❹寺(절사) → ❼時(때시)

❽日(날일) → ❽白(흰백) → ❼百(일백백)
　　　　　　↘ ❼春(봄춘) ← ❸屯(어려울준)
　　　　　　↘ ❼場(마당장) ← ❸旦(아침단)

❽月(달월) → ❽外(바깥외) ← ❼夕(저녁석) → ❼名(이름명)

④肉(고기육) → ❼然(그럴연) ← ❹犬(개견)
　　　　　　↘ ❼育(기를육) ← ◆厶(어긋날돌)

◆乚(숨을은) → ❼直(곧을직) ← ⑥目(눈목)
　　　　　　↘ ❼植(심을식)

⑦來(올래) → ❸麥(보리맥) ← ◆夊(천천히걸을쇠)

④田(밭전) → ❼男(사내남) ← ❼力(힘력)
　　　　　　↘ ❼里(마을리)

㉠主(주인주) → ❼住(살주)

③舟(배주) → ❼前(앞전)

◆卩(병부절) → ❼色(빛색)
　　　　　↘ ❼邑(고을읍)
　　　　　↘ ❼村(마을촌)

◆亼(삼합집) → ❻今(이제금) → ❽金(쇠금)
　　　　　↘ ❻合(합할합) → ❼答(대답답)
　　　　　↘ ❺令(하여금령)
　　　　　　　　　　↘ ❼命(목숨명)
　　　　　↘ ❼食(밥식)
　　　　　　　　↖ ◆皀(고소할급, 낱알핍)　　← ◆匕(비수비)

◆辵
(쉬엄쉬엄갈착)　← ◆彳(조금걸을척) → ❼後(뒤후)　← ◆幺(작을요)
　　　　　↘ ❺止(그칠지) → ❼正(바를정)
　　　　　　　　　　↘ ❼足(발족)

❺首(머리수) → ❼道(길도)
　　　　　↘ ❼面(낯면)
　　　　　↘ ❼自(스스로자)
　　　　　↘ ❼夏(여름하)

◆舛(어그러질천) → ❽韓(한국한) ← ◆龺(햇빛이 빛나는 모양간)

◆艸(풀초) → ❼草(풀초) ← ❹早(이를조) ← ④甲(갑옷갑)
　　　　↘ ❽南(남녘남)
　　　　↘ ❼旗(기기) ← ❷其(그기) ← ❷箕(키기) ← ④竹(대죽)
　　　　　③貝(조개패) → ❺具(갖출구) → ❼算(셈산) ↙
　　　　↘ ❼出(날출)
　　　　↘ ❼每(매양매) → ❼海(바다해)

❽生(날생)　→　❽靑(푸를청)　←　❸丹(붉을단)　←　③井(우물정)
❼姓(성성)
❺性(성품성)　←　⑦心(마음심)

⑧土(흙토)　→　❹至(이를지)　→　❽室(집실)
❼地(땅지)　←　❸也(어조사야)
❼重(무거울중)　→　❼動(움직일동)

③穴(구멍혈)　→　❼空(빌공)　←　⑦工(장인공)

④戶(문/집호)　→　❼所(바소)　←　③斤(근근)

◆虫(벌레훼)　→　❹蟲(벌레충)　→　❽萬(일만만)

①欠(하품흠)　→　❼歌(노래가)　←　❶哥(성씨가)　←　⑤可(옳을가)

6장 漢字7,8級(급)과
그에 상응하는 중국어 단어

이제 상술한 내용들을 바탕으로 한중 상용한자(HNK) 7급과 8급에 해당하는 150자가 어떠한 원리에 의해서 만들어졌는지 살펴보고, 나아가 이에 상응하는 중국어 단어 역시 함께 이해하기로 하자. 다만 비록 7급과 8급보다 난이도가 더 높은 급수에 속한 한자이더라도, 만약 제자원리를 이해하는데 있어서 필요하다고 판단하는 경우에는, 그 원리를 함께 소개하기로 한다.

또한 중국어를 평가하는 대표적인 시험에는 HSK 즉 漢語水平考試(한어수평고시: Hán yǔ Shuǐ píng Kǎo shì)가 있는데, 이 시험에서는 중국어 상용단어 8812자를 난이도에 따라서 甲乙丙丁(갑을병정)으로 나누고 있다. 따라서 여기서는 1단계인 甲(갑)에 속하는 1013개의 단어들 중에서, 한자 7급과 8급에 속한 한자들로 구성된 단어들을 선별하여 언급하고자 한다.

一(한 일)

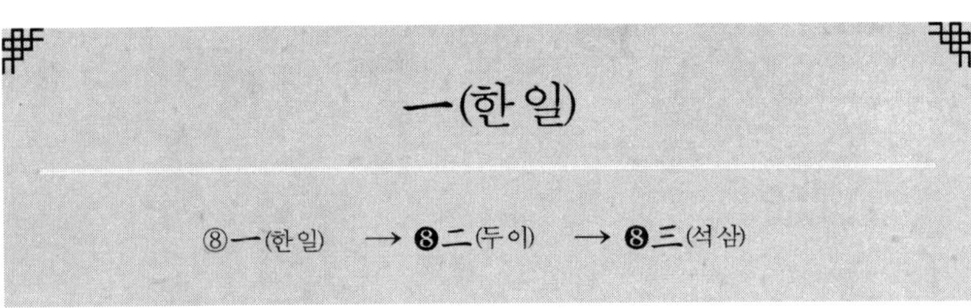

⑧一(한 일)　→　❽二(두 이)　→　❽三(석 삼)

한자	⑧一(한 일)
중국어	一(yī)
육서	상형
분석	一(막대기 한 개)의 모습을 형상화한 것.
설명	옛 사람들은 물건의 수량을 셀 때 나뭇가지 하나를 땅에 놓고 한 개라고 표시했으므로, 막대기 한 개가 하나라는 뜻.

한자	❽二(두 이)
중국어	二(èr)
육서	상형
분석	二(막대기 두 개)의 모습을 형상화한 것.
설명	옛 사람들은 물건의 수량을 셀 때 나뭇가지 둘을 땅에 놓고 두 개라고 표시했으므로, 막대기 두 개가 둘이라는 뜻.

한자	❽三(석 삼)
중국어	三(sān)
육서	상형
분석	三(막대기 세개)의 모습을 형상화한 것.
설명	옛 사람들은 물건의 수량을 셀 때 나뭇가지 셋을 땅에 놓고 세 개라고 표시했으므로, 막대기 세 개가 셋이라는 뜻.

자체 한자

⑧七(일곱 칠)   ⑧九(아홉 구)   ⑧民(백성 민)   ⑧北(북녘 북)   ⑧西(서녘 서)
⑧王(임금 왕)   ⑦手(손 수)   ⑦方(모 방)

한자	⑧七(일곱 칠)
중국어	七(qī)
육서	상형
분석	ㅣ(회초리)의 7/10 부분을 칼로 자름.
설명	나중에 十(열십)과 구별하기 위해서 ㅣ(회초리) 밑 부분을 꺾음.

한자	⑧九(아홉 구)
중국어	九(jiǔ)
육서	상형
분석	몸(丿)에 연결된 팔꿈치(乙)의 모양
설명	팔꿈치는 휘었다가 펼 수 있으니, 팔꿈치를 꺾으면 막혀서 나아갈 수 없으므로 끝이 났다가, 펴면 다시 앞으로 나아갈 수 있음. 즉 9는 숫자의 마지막이자 새로운 수로 나아갈 수도 있다는 뜻.

한자	⑧民(백성 민)
중국어	民(mín)
육서	상형
분석	왼쪽 눈을 칼로 그은 모습을 형상화한 것.
설명	주(周)나라는 적국의 포로를 백성으로 삼을 때, 왼쪽 눈을 칼로 그어서 원래부터 우리의 백성은 아니었음을 표시함.

한자	⑧北(북녘 북 / 달아날 배)
중국어	北(běi)
육서	상형 / 전주
분석	두 사람이 서로 등지고 있는 모습을 형상화한 것.
설명	두 사람이 서로 등지고 있으니, 여기서 신체부위의 '등'이라는 의미가 생김. 또한 예로부터 임금은 북쪽을 등지고 남쪽을 향해 앉으므로 '등'이 북쪽이라는 뜻이 생기고, 나아가 진 사람은 등을 보이고 달아나므로, 패배하다 혹은 달아나다는 의미로 확장됨.

한자	⑧西(서녘 서)
중국어	西(xī)
육서	지사
분석	새가 둥지에 앉아있는 모습을 형상화한 것.
설명	해가 저물면 새가 둥지로 돌아오니, 새가 둥지로 돌아왔을 때 해가 있는 방향이 서쪽이라는 뜻.

한자	⑧王(임금 왕)
중국어	王(wáng)
육서	지사
분석	三(하늘과 사람과 땅) + ｜(관통하여 이음)
설명	一(맨 위의 하늘)과 一(맨 아래의 땅) 그리고 一(그 사이의 사람)을 ｜(가운데에서 관통하여 잇는 것)이 임금이라는 뜻.

한자	⑦手(손 수)
중국어	手(shǒu)
육서	상형
분석	주먹을 쥔 모습을 형상화한 것.
설명	사물의 모습을 본뜬, 전형적인 상형문자의 예.

*手(손 수)가 部首(부수)로 쓰일 경우에는, 다음과 같이 쓴다.

예) 拉(끌 랍), 技(재주 기) 扌

한자	⑦方(모 방)
중국어	方(fāng)
육서	상형
분석	배 두 척을 나란히 놓고, 뱃머리를 합쳐서 밧줄로 묶어놓은 모습을 형상화한 것.
설명	배 두 척이 합쳐지면 비교적 넓고 평평한 공간의 면적이 만들어지므로, 후에 사각형이나 목판 등의 의미로 확대된 것.

*이는 160쪽의 舟(배 주)와 비교하여 이해할 수 있다.

한자와 중국어

癶(등질 발)

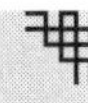

部首(부수)로만 쓰임.	
한자	癶(등질 발)
육서	상형
분석	두 발의 높이가 어그러진 모습을 형상화한 것.
설명	서 있을 때 두 발은 본래 나란히 있으므로, 두 발의 높이가 달라져서 어그러진 것은 무언가 다른 동작을 한다는 뜻.

한자	❼登(오를 등)
중국어	登(dēng)
육서	회의
분석	癶(등질 발) + 묘(뚜껑을 덮은 그릇)
설명	고기를 담고 뚜껑을 덮은 그릇을 제사상에 올리기 위해서 두 발의 높이가 달라져서 어그러진 것이 오른다는 뜻.

한자	④ 豆(콩 두)
중국어	豆(dòu)
육서	상형 / 전주
분석	제사상에 쓰이는 주둥이가 튀어나온 고기 담는 그릇의 모습을 형상화한 것.
설명	본래는 제사상에서 쓰이는 주둥이가 튀어나온 그릇을 가리켰으나, 후에 '콩'을 나타내는 단어와 모양이 흡사하여 합쳐져서 사용됨.

그림(1)   그림(2)

*좀 더 구체적으로 말해서 豆(콩 두)의 金文(금문: 옛 청동그릇에 새겨진 글자)은 그림(1)과 같은 형태로서, '콩'을 뜻하는 한자의 본래 상형문자인 그림(2)와 거의 차이가 없다. 따라서 후에 '콩'을 뜻하는 단어가 사라지고, '콩'의 의미를 제사상에 쓰이는 그릇을 뜻하는 豆(콩 두)에 병합시킨 것이다.

한자와 중국어

한자		❹豊 (풍년 풍)
중국어		丰(fēng)
육서		상형
분석		음식이 가득 담긴 그릇의 모습을 형상화한 것.
설명		제기에 음식을 가득 담아서 제사를 지내는 것이 풍년이고 풍성하다는 뜻.

車(수레 거)

⑦車(수레 거) → ❽軍(군사 군)

한자	⑦車(수레 거)
중국어	车(chē)
육서	상형
분석	가운데에 짐을 싣고(田) 양쪽에 바퀴가 달린 수레의 모습을, 위에서 보고 형상화한 것.
설명	이는 위에서 수레를 내려다보고 묘사한 형태이니, 양쪽에 바퀴를 달고 짐을 싣는 도구가 수레라는 뜻.

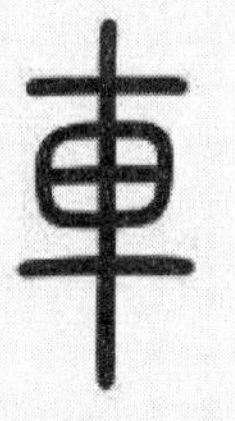

*車(수레 거)가 중국어 간체자의 部首(부수)로 쓰일 경우에는 다음과 같이 더 간략하게 씀에 유의하기로 한다.

예) 轉(구를 전) ⇒ 转(zhuǎn)
　　輕(가벼울 경) ⇒ 轻(qīng)

한자	❽軍(군사 군)
중국어	军(jūn)
육서	회의
분석	勹(쌀 포) + 車(수레 거, 차)
설명	고대에는 보병이 직접 싸우지 않고 수레로 포위하여 전쟁을 했으므로, 수레로 에워싸는 것이 싸우는 군사라는 뜻.

口 (에워쌀 위, 큰 입 구)

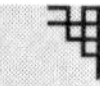

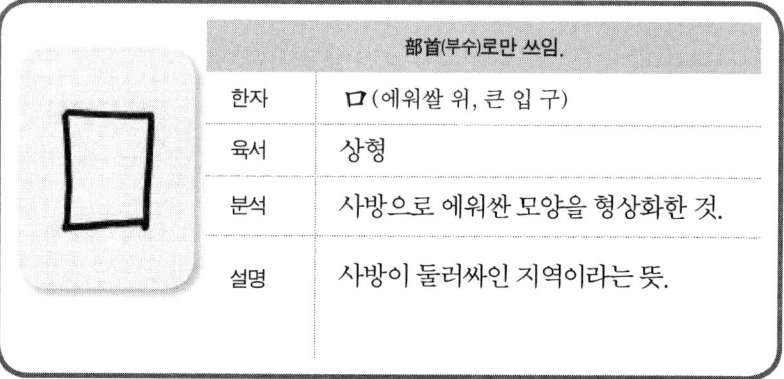

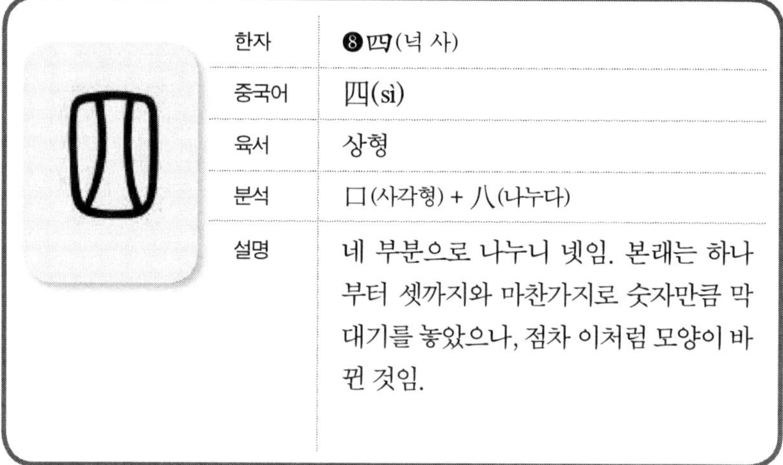

	部首(부수)로만 쓰임.
한자	口 (에워쌀 위, 큰 입 구)
육서	상형
분석	사방으로 에워싼 모양을 형상화한 것.
설명	사방이 둘러싸인 지역이라는 뜻.

한자	❽四 (녁 사)
중국어	四(sì)
육서	상형
분석	口(사각형) + 八(나누다)
설명	네 부분으로 나누니 넷임. 본래는 하나부터 셋까지와 마찬가지로 숫자만큼 막대기를 놓았으나, 점차 이처럼 모양이 바뀐 것임.

한자	❽六(여섯 륙)
중국어	六(liù)
육서	상형
분석	四(넉 사) + 八(두 개)
설명	넷에서 아래로 두 개가 더 뻗어나간 것이 여섯이라는 뜻.

한자	❽國(나라 국)
중국어	国(guó)
육서	회의
분석	口(사방) + 或(나라 역)
설명	사방을 성곽으로 둘러싸 자신의 땅임을 밝힌 구역이 '국가, 나라'라는 뜻.

<table>
<tr><td colspan="2" align="center">部首(부수)로만 쓰임.</td></tr>
<tr><td>한자</td><td>或(나라 역)</td></tr>
<tr><td>중국어</td><td>或(yù/huò)</td></tr>
<tr><td>육서</td><td>회의 / 전주</td></tr>
<tr><td>분석</td><td>戈(창 과) + 口(백성) + 一(땅)</td></tr>
<tr><td>설명</td><td>창으로 백성과 땅을 지키는 곳이 '국가, 나라'라는 뜻. 점차 惑(혹 혹)과 혼용되자, 후에 土(흙 토)를 붙여서 ❹域(지경 역)으로 따로 쓰게 됨.</td></tr>
</table>

<table>
<tr><td>한자</td><td>❷戈(창 과)</td></tr>
<tr><td>중국어</td><td>戈(gē)</td></tr>
<tr><td>육서</td><td>회의</td></tr>
<tr><td>분석</td><td>弋(주살 익) + 一(손잡이)</td></tr>
<tr><td>설명</td><td>끝이 갈라진 화살촉의 화살과 모양은 弋(주살 익)과 같으나, 손잡이를 달아서 잡을 수 있도록 한 것이 창이라는 뜻.</td></tr>
</table>

한자와 중국어

한자	㉮弋(주살 익)
중국어	弋(yì)
육서	상형
분석	화살촉의 끝이 갈라진 화살을 얹히고 활시위를 당기는 모습을 형상화한 것.
설명	활시위를 당겨서 화살을 쏜다는 뜻.

한자	❽八(여덟 팔)
중국어	八(bā)
육서	상형
분석	四(네 부분)으로 나누는 것을 다시 한 번 함.
설명	네 부분으로 나누는 것을 다시 한 번 더 한 것이므로, 넷과 구별하기 위해서 口(사각형)을 없앰.

한자	❼平 (평평할 평)	
중국어	平 (píng)	
육서	회의	
분석	八(여덟 팔) + 亏(광대함)	
설명	큰 것을 똑같이 나누는 것이므로, 어느 한쪽이 높거나 낮지 않고 동등하여 평평하다는 뜻.	

한자	❽小 (작을 소)	
중국어	小 (xiǎo)	
육서	회의	
분석	丨(가느다란 선) + 八(나누다)	
설명	가느다란 선처럼 잘게 나누는 것이 작은 것이라는 뜻.	

한자와 중국어

한자	❼少(적을 소)
중국어	少(shǎo)
육서	형성
분석	小(작을 소) + ノ (덜어내다)
설명	이미 작은 데에서 더욱 덜어내는 것은 적다는 뜻.

*小(작을 소)는 발음뿐만 아니라, 의미도 함께 전달하고 있다.

入(들 입)

⑦入(들 입) ↗ ❹干(방패 간)
→ ❼内(안 내)
↘ ❼全(온전 전)

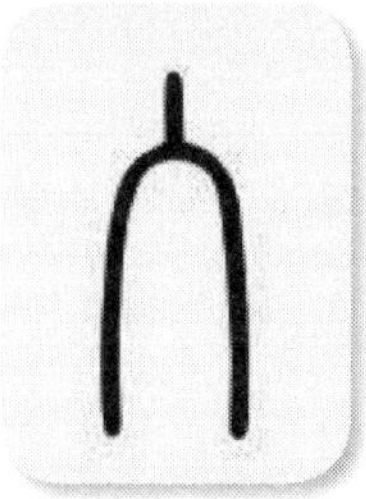

한자	⑦入(들 입)
중국어	入(rù)
육서	지사
분석	丨(위) + n(내려옴)
설명	바깥의 위에서 내려오는 것이 안으로 든다는 뜻.

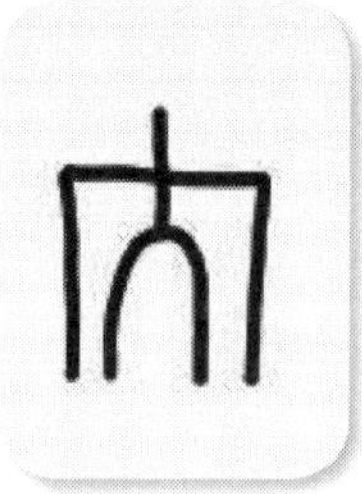

한자	❼内(안 내)
중국어	内(nèi)
육서	회의
분석	冂(경계) + 入(들 입)
설명	바깥에서 경계 속으로 들게 되면, 그곳이 '안'이라는 뜻.

한자	❽干(방패 간)
중국어	干(gān)
육서	회의
분석	入(들 입) + 一(막음)
설명	순조롭게 들어가는 것이 아니라, 막아서 저항하는 것을 뚫고 드는 것이 침범한다는 뜻.

한자	❼全(온전 전)
중국어	全(quán)
육서	회의
분석	본래는 소의 형태이므로 入(들 입) + 工(장인 공)
설명	본래는 불완전했으나, 뛰어난 장인이 들어오니 비로소 온전해진다는 뜻임. 후에 온전하게 순수한 옥을 일컬어 全이라고 쓰게 됨.

下(아래 하)

	한자	⑦下(아래 하)
	중국어	下(xià)
	육서	지사
	분석	一(땅 또는 기준점) + ㅣ(위치)
	설명	땅이나 기준 아래에 있다는 뜻.

	한자	⑦上(위 상)
	중국어	上(shàng)
	육서	지사
	분석	一(땅 또는 기준점) + ㅣ(위치)
	설명	땅이나 기준 위에 있다는 뜻.

한자	❺示(보일 시)
중국어	示(shì)
육서	회의
분석	上(하늘) + 川(기운)
설명	하늘로 올라가는 기운이니, 실제로 보이지는 않지만 그 존재를 믿을 수 있는 형이상학적 개념의 '영혼, 혼령'이라는 뜻.

한자	❼祖(할아비 조)
중국어	祖(zǔ)
육서	회의
분석	示(보일 시) + 且(공경할 저 / 또 차)
설명	하늘로 올라간 혼령을 공경하는 것은 바로 조상이라는 뜻.

	한자	❸且(공경할 저 / 또 차)
	중국어	且(jū/qiě)
	육서	상형/전주
	분석	고기를 두 겹으로 쌓아올린 모습을 형상화한 것.
	설명	제사상에서 조상을 공경하는 의미에서 고기를 두 겹으로 쌓아올렸고, 후에 이는 겹치는 것이니 '또, 다시'라는 의미로 확장됨.

五(다섯 오)

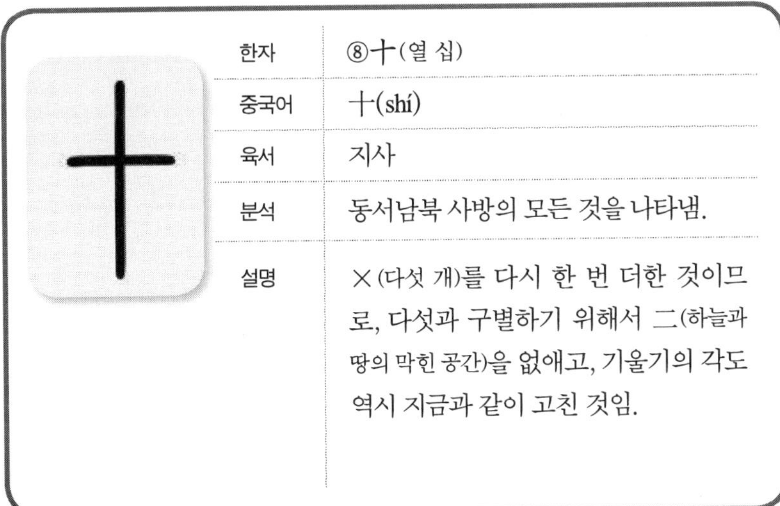

한자	⑧五(다섯 오)
중국어	五(wǔ)
육서	지사
분석	二(하늘과 땅) + ×(다섯)
설명	二(하늘과 땅)이라는 공간에 ×(다섯 개)가 있음. 하나부터 넷 까지는 숫자만큼 막대기를 놓을 수 있으나, 그 이상은 너무 복잡해지므로 이처럼 간단하게 표시함.

한자	⑧十(열 십)
중국어	十(shí)
육서	지사
분석	동서남북 사방의 모든 것을 나타냄.
설명	×(다섯 개)를 다시 한 번 더한 것이므로, 다섯과 구별하기 위해서 二(하늘과 땅의 막힌 공간)을 없애고, 기울기의 각도 역시 지금과 같이 고친 것임.

한자	❼世(인간 세)
중국어	世(shì)
육서	회의
분석	十(열 십) + 十(열 십) + 十(열 십)
설명	사람의 한 세대는 대략 30년이므로, 십을 세 번 쓴 것임.

한자	❼千(일천 천)
중국어	千(qiān)
육서	회의
분석	人(사람) + 十(열 십)
설명	사람의 숫자가 열 배이니, 그만큼 많다는 뜻.

口(입구)

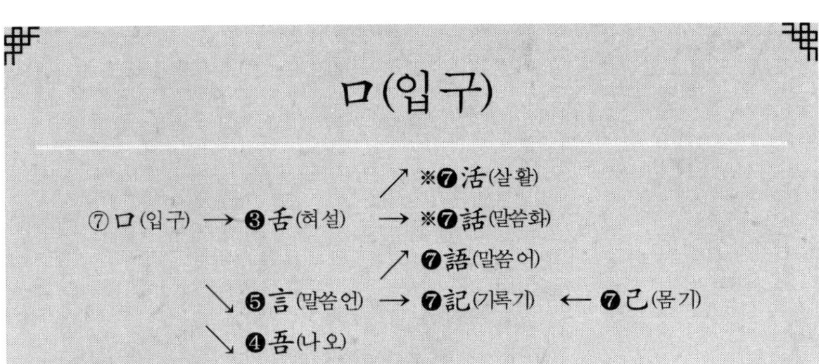

한자	⑦ 口(입 구)
중국어	口(kǒu)
육서	상형
분석	사람이 굳게 다문 입의 모습과 얼굴 아랫부분에 있는 위치를 형상화한 것.
설명	말을 하거나 음식을 먹는 얼굴의 아랫부분이 입이라는 뜻.

한자	❹舌(혀 설)
중국어	舌(shé)
육서	회의
분석	干(방패 간) + 口(입 구)
설명	입 안에서 몸 밖으로 침범하는 부분이 혀라는 뜻.

한자	❼話(말씀 화)
중국어	话(huà)
육서	형성
분석	본래는 語(말씀 화)로 쓰였음. 言(윗사람에게 직언함) + 쌓임(누적된 좋은 말씀들)
설명	語(말씀 화)의 획수가 너무 복잡하여, 후에 舌(혀 설)로 바뀐 것으로 추정됨

한자	❼活(살 활 / 물 콸콸 흐를 괄)
중국어	活(huó/guō)
육서	형성 / 전주
분석	본래는 語(살 활: 言 대신에 水)로 쓰였음. 水(물 수) + 쌓임(물의 양이 많음)
설명	語(말씀 화)의 획수가 너무 복잡하여 후에 舌(혀 설)로 바뀐 것으로 추정됨. 또한 본래는 물이 콸콸 흐르는 소리를 나타냈는데, 후에 풍부한 물은 생명의 원천이므로 '살다'라는 뜻으로 확장됨.

한자와 중국어

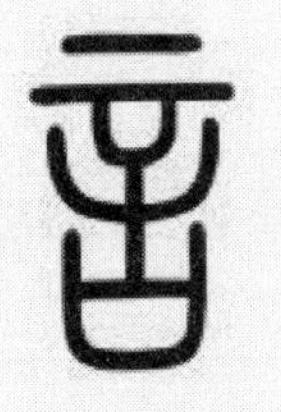

한자	❺言 (말씀 언)
중국어	言(yán)
육서	회의
분석	上(위 상) + 舌(혀 설)
설명	윗사람에게 혀를 놀리는 것이 바른 말을 하는 직언이라는 뜻.

*言(말씀 언)이 중국어 간체자의 部首(부수)로 쓰일 경우에는 다음과 같이 더 간략하게 씀에 유의하기로 한다.

예) 論(논할 론) → 论(lùn)
　　議(의논할 의) → 议(yì)

한자	❼語 (말씀 어)
중국어	语(yǔ)
육서	형성
분석	言(말씀 언) + 吾(나 오)
설명	나를 위해서 논의하고 반박한다는 뜻.

*吾(나 오)는 발음뿐만 아니라, 의미도 함께 전달하고 있다.

한자	❼記(기록할 기)
중국어	记(jì)
육서	형성
분석	言(말씀 언) + 己(몸 기)
설명	말을 몸속에 두는 것이니, 이는 몸속에 저장하듯이 기록한다는 뜻.

*己(몸 기)는 발음뿐만 아니라, 의미도 함께 전달하고 있다.

한자	❹己(몸 기)
중국어	己(jǐ)
육서	상형
분석	사람의 튀어나온 배의 모습을 형상화한 것.
설명	튀어나온 배가 있는 것은 몸이라는 뜻.

	한자	❸吾(나 오)
	중국어	吾(wú)
	육서	형성
	분석	五(다섯 오) + 口(입 구)
	설명	입으로 말하는 것이 자기 자신 즉 '나'라는 뜻.

气(기운 기)

◆气(기운기) → ❼氣(기운기) ← ❻米(쌀미)

部首(부수)로만 쓰임.	
한자	气(기운 기)
육서	상형
분석	엷게 흐르는 구름의 모양을 형상화한 것.
설명	구름에서 가늘고 엷게 흘러나오는 것과도 같은 개념이 기운이라는 뜻.

한자	❼氣(보낼 희, 기운 기)
중국어	气(qi)
육서	형성 / 전주
분석	气(기운 기) + 米(쌀 미)
설명	쌀로 밥을 지어서 손님에게 주는 것이 보낸다는 뜻임. 후에 이처럼 보내듯이 흘러나오는 것이 기운이라는 뜻으로 바뀌게 됨.

	한자	❻ 米 (쌀 미)
	중국어	米(mǐ)
	육서	상형
	분석	쌀이나 수수처럼 알알이 맺힌 열매의 모양을 형상화한 것.
	설명	가는 줄기에 열매가 알알이 맺힌 것이 쌀이라는 뜻.

❼同(한가지동) → ❼洞(골동)

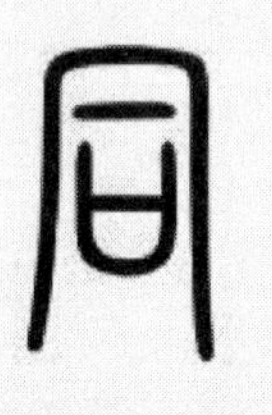

한자	❼同(한 가지 동)
중국어	同(tóng)
육서	회의
분석	彐(쌓여있는 모습) + 口(입 구)
설명	사람들의 입이 합쳐져서 한 가지가 되니, 결국에는 같은 것이라는 뜻.

*彐(쌓여있는 모습)은 사실상 一(한 획)이 없어야 정확하지만, 같은 문자를 기입할 수 없어서 부득이하게 彐(쓰개 모)를 빌려와 대체하였다.

한자	❼洞(골 동)
중국어	洞(dòng)
육서	형성
분석	水(물 수) + 同(한 가지 동)
설명	물이 합쳐져서 한 가지가 되어 빨리 흐르는 곳은, 바로 골짜기라는 뜻.

*同(한 가지 동)은 발음뿐만 아니라, 의미도 함께 전달하고 있다.

匕(변할 화)

↗ ❺花(꽃화)

◆匕(변할화) → ❼化(될화)

	部首(부수)로만 쓰임.
한자	匕(변할 화)
육서	상형
분석	人(사람 인)이 거꾸로 뒤집힌 모습을 형상화한 것.
설명	서있는 사람이 뒤집혔으니, 이것은 본래의 모습에서 변한 것이라는 뜻.

*匕(변하다)와 匕(숟가락)은 엄연한 차이가 있음에 유의할 필요가 있다.

	部首(부수)로만 쓰임.
한자	匕(비수 비)
육서	상형
분석	人(사람 인)이 좌우로 뒤집힌 모습을 형상화한 것.
설명	서있는 사람이 좌우 반대방향으로 향했으니, 마주하여 비교한다는 뜻. 또한 숟가락의 끝부분 모양과도 같으므로, 숟가락의 의미로도 쓰임.

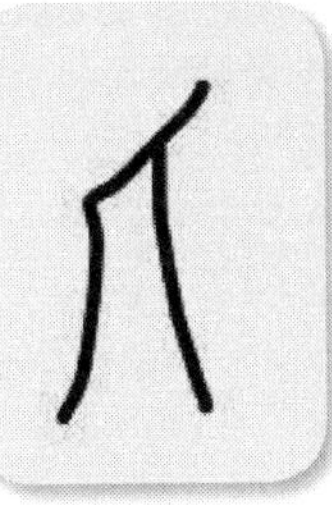

한자	❺化(될 화)
중국어	化(huà)
육서	회의
분석	人(사람 인) + 匕(변하다)
설명	사람을 가르쳐서 행하면, 본래 가지고 있던 모습에서 변한다는 뜻.

*匕(변하다)와 匕(숟가락)은 엄연한 차이가 있음에 유의할 필요가 있다.

한자	❼花(꽃 화)
중국어	花(huā)
육서	회의
분석	본래는 華(빛날 화)로 쓰였음. 艸(풀 초) + 꽃봉오리의 모습을 형상화한 것.
설명	획수가 복잡하고 또 華(빛날 화)와 구별하기 위해서, 후에 형성문자를 표방한 花(꽃 화)로 바뀐 것으로 추정됨.

*花(꽃 화)의 원형은 甲骨文(갑골문)이나 金文(금문)에 남아있지 않으므로, 후대에 만들어진 문자로 추측된다.

毛(터럭 모)

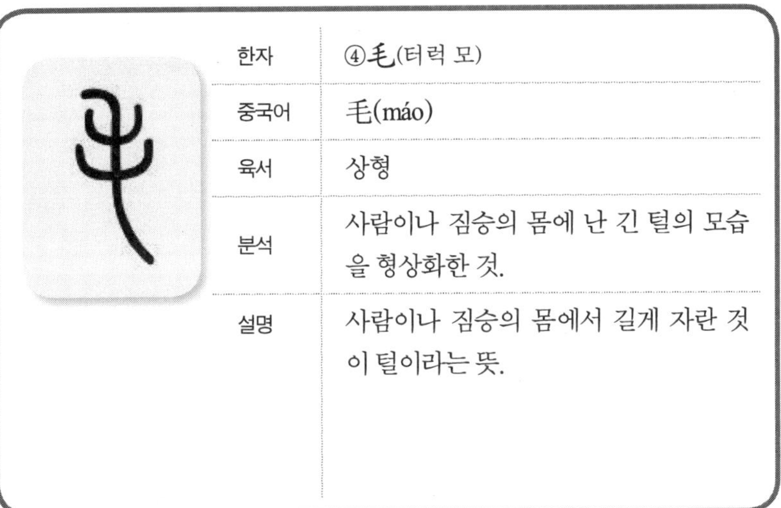

한자	④毛(터럭 모)
중국어	毛(máo)
육서	상형
분석	사람이나 짐승의 몸에 난 긴 털의 모습을 형상화한 것.
설명	사람이나 짐승의 몸에서 길게 자란 것이 털이라는 뜻.

한자	❼老(늙을 로)
중국어	老(lǎo)
육서	회의
분석	毛(터럭 모) + 人(사람 인) + 七(변함)
설명	사람 몸에 난 털이 하얗게 변하는 것이 늙는다는 뜻.

*老(늙을 로)가 部首(부수)로 쓰일 때에는 耂의 형태로만 쓰인다.

한자	❺考(생각할 고)
중국어	考(kǎo)
육서	형성
분석	老(늙을 로) + 丂(공교할 교)
설명	늙은 사람 즉 부모님이나 윗사람은 생각하여 그리워하는 대상이라는 뜻.

한자	❼孝(효도 효)
중국어	孝(xiào)
육서	회의
분석	老(늙을 로) + 子(아들 자)
설명	아래에 있는 자식이 위에 있는 늙은 사람을 봉양하는 것이 효도한다는 뜻.

한자와 중국어

	한자	⑦子(아들 자)
	중국어	子(zǐ)
	육서	상형
	분석	아이가 팔을 벌리고 있는 모습을 형상화한 것.
	설명	팔을 벌리고 있는 것이 어린 아들이나 딸과 같은 자식이라는 뜻.

儿(어진 사람 인)

◆儿
(어진사람 인)
→ ❽女(계집 녀)
↘ ❽兄(형 형)
↘ ❽長(긴 장)
↘ ❽人(사람 인)
↘ ❼文(글월 문)
↘ ❻交(사귈 교)
↘ ❽先(먼저 선) → ❼市(저자 시) ← ◆冂(멀 경)
↘ ❽母(어미 모)
↘ ◆廴(길게 걸을 인)
↘ ◆夂(천천히 걸을 쇠)
↘ ◆夊(뒤져 올 치)

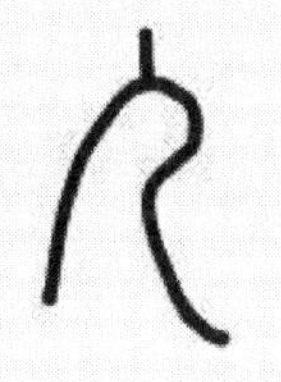

部首(부수)로만 쓰임.	
한자	儿(어진 사람 인)
육서	상형
분석	어진 사람의 서있는 모습을 형상화한 것.
설명	상대방에게 한쪽 다리를 굽힌 모습이, 윗사람을 따르는 어진 사람이라는 뜻.

한자	❽女(계집 녀)
중국어	女(nǚ)
육서	상형
분석	∝(두 손을 모음) + 儿(어진 사람 인)
설명	두 손을 모으고 한 쪽 다리를 굽혀서 상대방에게 경의를 표하는 것이 여성이라는 뜻.

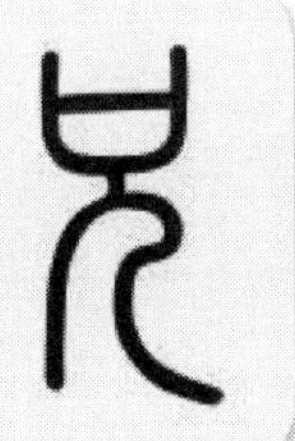

*R과 비슷한 모양의 옛글자는 넓적다리와 정강이 모습을 형상화한 것으로, 사람의 하반신을 뜻한다.

한자	❽兄(형 형)
중국어	兄(xiōng)
육서	회의
분석	口(입 구) + 儿(어진 사람 인)
설명	말로 가르침으로써 이끄는 어진 사람이 형이라는 뜻.

한자	❽長(긴 장)
중국어	长(cháng)
육서	상형
분석	상체의 머리를 길게 늘어뜨린 사람의 모습과 하체의 서있는 다리를 형상화한 것.
설명	머리를 늘어뜨리고 서있는 모습이 길다는 뜻.

*아랫부분의 F를 기울여놓은 형태가 人(사람 인)의 옛 형태이니, 이는 바로 아래에 있는 人(사람 인) 부분을 참조하여 이해할 필요가 있다.

한자	❼文(글월 문)
중국어	文(wén)
육서	상형
분석	사람의 몸에 문신(X)을 한 모습을 형상화한 것.
설명	사람의 몸에 새겨 넣은 것이 무늬라는 뜻임. 후에 귀갑이나 청동에 문자를 새겨 넣었으므로, 무늬가 문자라는 의미로 바뀌게 됨.

한자와 중국어

한자	❽人(사람 인)
중국어	人(rén)
육서	상형
분석	、(팔뚝) + 儿(어진 사람 인)
설명	상체와 하체를 지니고 있는 모습이 사람이라는 뜻.

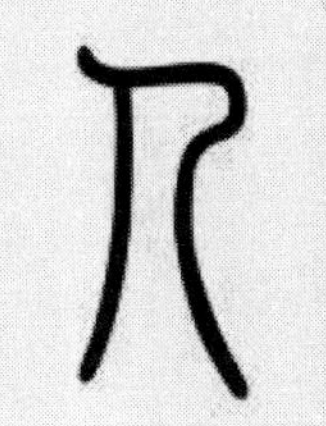

*人(사람 인)이 部首(부수)로 쓰일 때 왼쪽의 '변'으로 사용되는 경우는 다음과 같이 표기한다.

예) 佳(아름다울 가),
　　件(물건 건)

小篆(소전)　　현재

**人(사람 인)이 部首(부수)로 쓰일 때 '머리'로 사용되는 경우는 다음과 같이 표기한다.

예) 京(서울 경),
　　文(글월 문)

小篆(소전)　　현재

한자	❻交 (사귈 교)
중국어	交(jiāo)
육서	상형
분석	사람의 종아리가 교차해 있는 모습을 형상화한 것.
설명	사람의 다리가 교차하는 것은 서로 왕래하여 교류한다는 뜻이고, 이러한 모습이 사귄다는 뜻.

한자	❽先 (먼저 선)
중국어	先(xiān)
육서	회의
분석	之(갈 지) + 儿(어진 사람 인)
설명	사람은 두 발로 걸어서 나아가는 것이 '먼저, 앞서서'라는 뜻.

*之(갈 지)와 관련하여서는, 해당부분(142쪽)을 참고하기로 한다.

한자	❼市(저자 시)
중국어	市(shì)
육서	회의
분석	冂(멀 경) + 先(먼저 선)
설명	'저자, 장터'는 인근에서 떨어진 넓은 장소에서 열리므로, 나아가서 이르는 먼 지역이 '저자, 장터'라는 뜻.

部首(부수)로만 쓰임.	
한자	冂(멀 경)
육서	상형
분석	멀리 떨어져있는 지역의 모습을 형상화한 것.
설명	교외지역은 野(들 야)라고 하고, 그보다 먼 지역은 林(수풀 림)이라고 하며, 그보다 더 먼 국경에 인접한 지역을 冂(멀 경)이라고 함.

한자	❽母(어미 모)
중국어	母(mǔ)
육서	상형
분석	아이를 안고 젖을 먹이는 모습을 형상화한 것.
설명	아이에게 젖을 먹이는 것이 어미라는 뜻.

	部首(부수)로만 쓰임.
한자	廴(길게 걸을 인)
육서	상형
분석	길게 걷는 두 발의 모습을 형상화한 것.
설명	두 발의 보폭을 더 넓게 한다는 것은 먼 곳을 향하여 오래 걷는다는 뜻.

*이 部首(부수)는 夂(뒤져 올 치) 및 夂(천천히 걸을 쇠)와 상호 비교하여 이해할 필요가 있다. 사실 이 두 部首(부수)는 큰 차이점을 두지 않고 혼용해서 쓰고 있지만, 그럼에도 불구하고 옛 중국의 한자에서는 구별하고 있으므로, 이제 다음의 본래 형태를 살펴서 그 차이점을 구별하기 바란다.

 한자와 중국어

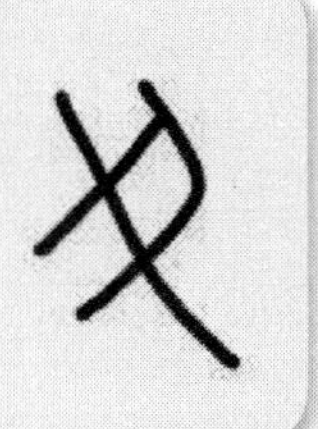

部首(부수)로만 쓰임.	
한자	夊 (천천히 걸을 쇠)
육서	지사
분석	사람의 두 발 + 무언가를 끌고 감.
설명	사람의 두 발 사이에 무언가를 끌고 가니, 그만큼 더디어져서 천천히 걷는다는 뜻.

*夊(천천히 걸을 쇠): 麥(보리 맥)

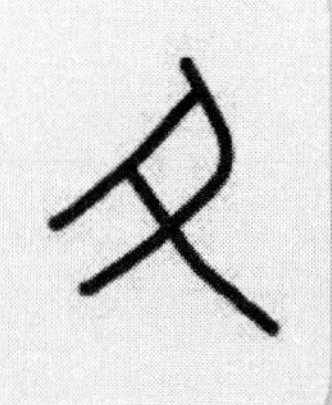

部首(부수)로만 쓰임.	
한자	夂 (뒤져 올 치)
육서	지사
분석	사람의 두 발 + 뒤에서 끄는 힘
설명	사람의 두 발을 뒤에서 잡아당기는 힘이 있으니, 그만큼 뒤져 오게 된다는 뜻.

夂(뒤져 올 치): 冬(겨울 동), 終(마칠 종)

*혹자는 夂(뒤져 올 치)가 주로 머리 부분으로 쓰이고, 夊(천천히 걸을 쇠)가 받침 부분으로 쓰인다고 말하기도 한다. 그만큼 두 글자에는 큰 차이점이 없다는 뜻으로 받아들일 수 있을 것이다.

木(나무 목)

⑧木(나무 목) → ❽校(학교 교)
＼ ❽東(동녘 동)
＼ ❼林(수풀 림)
＼ ❼休(쉴 휴) ↗ ❼秋(가을 추)
＼ ❸禾(벼 화) → ❽年(해 년)

한자	⑧木(나무 목)
중국어	木(mù)
육서	상형
분석	나무의 모습을 형상화한 것.
설명	사물의 모습을 본뜬, 전형적인 상형문자의 예.

한자	❽校(학교 교)
중국어	校(xiào)
육서	형성
분석	木(나무 목) + 交(사귈 교)
설명	나무(木)로 만든 판자를 서로 교차하여 (交) 울타리를 친 곳이 가르치는 학교라는 뜻.

*여기서 交(사귈 교)는 발음뿐만 아니라, 의미도 함께 전달하고 있다.

한자와 중국어

한자	❽東(동녘 동)
중국어	东(dōng)
육서	지사
분석	木(나무 목) + 日(날 일)
설명	나무 중간에 해가 걸쳐져 있을 때, 해가 있는 방향이 동쪽이라는 뜻.

한자	❼林(수풀 림)
중국어	林(lín)
육서	회의
분석	木(나무 목) + 木(나무 목)
설명	나무가 여러 개 모여 있는 곳이 숲이라는 뜻임.

한자	❼休(쉴 휴)
중국어	休(xiū)
육서	회의
분석	人(사람 인) + 木(나무 목)
설명	사람이 나무에 기대고 있는 것이 쉬는 것이라는 뜻.

한자	❽禾(벼 화)
중국어	禾(hé)
육서	상형
분석	식물 끝에 맺힌 벼가 익어서 고개 숙인 모습을 형상화한 것.
설명	익어서 고개를 숙이는 것이 '벼'라는 뜻.

한자	❽年(해 년)
중국어	年(nián)
육서	형성
분석	禾(벼 화) + 千(일천 천)
설명	벼가 한 번 많이 무르익는 기간이 한 해라는 뜻.

*여기서 千(일천 천)은 발음뿐만 아니라, 의미도 함께 전달하고 있다.

한자	❼秋(가을 추)
중국어	秋(qiū)
육서	상형
분석	본래는 귀뚜라미의 모습(龜 밑에 灬)을 형상화한 것.
설명	귀뚜라미가 우는 계절이 가을이라는 뜻.

*秋(가을 추)의 원형은 龜(거북 귀) 밑에 灬(불 화 받침)인데, 후에 곡식이 익는 계절이라는 의미를 부여하여 禾(벼 화)를 추가했다가, 획수가 너무 복잡하여 나중에 火(불 화)만으로 줄여 쓴 것으로 추측된다.

門(문 문)

한자	⑧門(문 문)
중국어	门(mén)
육서	상형
분석	두 개의 여닫이 문 모습을 형상화한 것.
설명	사물의 모습을 본뜬, 전형적인 상형문자의 예.

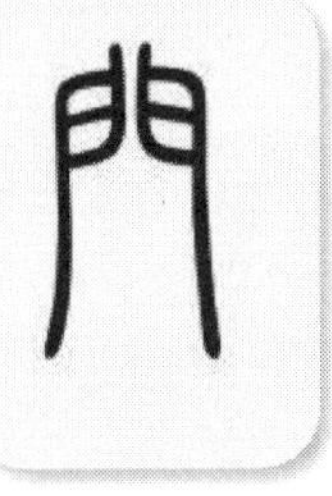

한자	❼間(사이 간)
중국어	间(jiān)
육서	회의
분석	門(문 문) + 月(달 월)
설명	문틈으로 달이 보이니, 그것이 문과 문 사이라는 뜻.

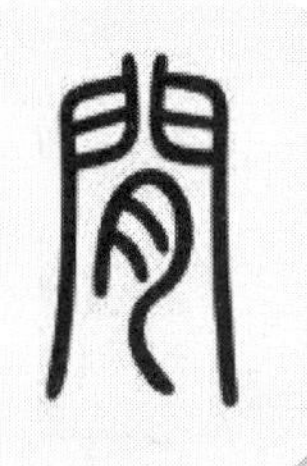

*본래는 月(달 월)로 쓰였으나, 후에 日(날 일)로 바뀌게 된 것이다.

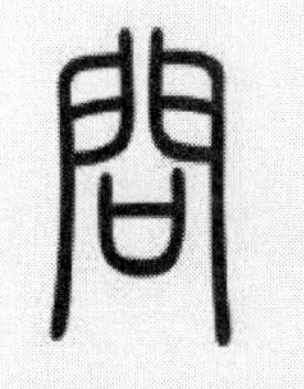

한자	❼問 (물을 문)
중국어	问(wèn)
육서	형성
분석	門(문 문) + 口(입 구)
설명	틈틈이 말로 알아보고 의견을 구하는 것이 묻는다는 뜻.

*여기서 門(문 문)은 발음뿐만 아니라, 의미도 함께 전달하고 있다.

不(아닐 불)

⑦不(아닐 불) → ❹否(아닐 부)

한자	⑦不(아닐 불)
중국어	不(bù)
육서	상형
분석	새가 하늘(一)에 떠있는 모습을 형상화한 것.
설명	새가 하늘로 날아올랐다가 다시 아래로 내려오지 않으므로, 부정을 뜻하는 '아니다'라는 뜻이 생김.

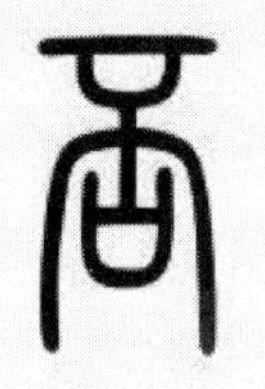

한자	❹否(아닐 부)
중국어	不(fǒu)
육서	형성
분석	不(아닐 불) + 口(입 구)
설명	입으로 안 된다고 표현하니, 이는 부정의 의미를 지니고 있다는 뜻.

*不(아닐 불)은 발음뿐만 아니라, 의미도 함께 전달하고 있다.

한자와 중국어

攴(칠 복)

③卜(점 복) →◆攴/攵(칠복/글월 문) → ❹更(고칠 경) → ❼便(편할 편/똥오줌 변)
　　　　　　　　　　　　　　　　↗ ③丙(남녘 병)
　　　　　　　　　　　　↘ ❼數(셈 수) ↖
　　　　　　　　　❶毋(말 무) → 特婁(끌 루) ← ⑧中(가운데 중)

한자	③卜(점 복)
중국어	卜(bǔ)
육서	상형
분석	거북의 등껍질에 불로 열을 가하면, 소리가 나면서 가로 세로로 금이 가는 모습을 형상화한 것.
설명	소리가 나면서 거북의 등껍질에 금이 난 모습을 보고 길흉화복을 점쳤다는 뜻.

部首(부수)로만 쓰임.

한자	攴(칠 복) = 攵(글월 문)
육서	형성
분석	卜(점 복) + 又(손)
설명	손으로 소리가 나도록 친다는 뜻.

	한자	❹更(고칠 경 /다시 갱)
	중국어	更(gēng / gèng)
	육서	회의 / 전주
	분석	攴(칠 복) + 丙(남녘 병)
	설명	계속 쳐서 밝게 고친다는 뜻. 계속 치므로 후에 '다시'라는 반복의 의미로 확장됨.

	한자	❼便(편할 편 / 똥오줌 변)
	중국어	便(pián / biàn)
	육서	회의 / 전주
	분석	人(사람 인) + 更(고칠 경)
	설명	사람의 불편함을 고쳐서 편하게 한다는 뜻. 후에 사람을 편하게 하는 것이 똥오줌을 싸는 것이라는 의미로 확장됨.

   한자와 중국어

한자	③丙(남녘 병)
중국어	丙(bǐng)
육서	상형
분석	위는 제기를 올리도록 평평하고 아래는 다리가 있는 제사상의 모습을 형상화한 것.
설명	제사는 남녘을 바라보고 하므로 남쪽이라는 뜻을 지니고, 후에 남녘은 '밝다'는 의미로 확장됨.

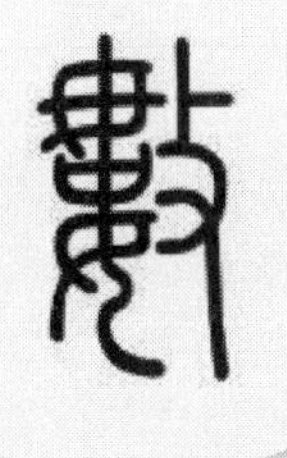

한자	❼數(셈 수)
중국어	数(shù)
육서	형성
분석	婁(끌 루) + 攵(글월 문)
설명	속이 비어있는 종과 같은 도구를 쳐서 셈을 한다는 뜻.

*婁(끌 루)는 발음뿐만 아니라, 의미도 함께 전달하고 있다.

한자	㉝婁(끌 루)
중국어	娄(lóu)
육서	회의 / 전주
분석	毋(말 무) + 中(가운데 중) + 女(계집 녀)
설명	가운데가 비어있는 것을 여인이 끌고 간다는 뜻인데, 후에 이는 가벼워서 성기고 드문드문하다는 뜻으로까지 확장됨.

한자	❶毋(말 무)
중국어	毋(wú)
육서	지사 / 전주
분석	母(어미 모) + 一(막아내다)
설명	아이에게 젖을 먹이는 어미는 다른 사내가 접근하는 것을 막아서 저지한다는 뜻인데, 후에 '없다'는 뜻으로 확장됨.

한자와 중국어

한자	⑧ 中 (가운데 중)
중국어	中(zhōng)
육서	상형
분석	깃대 가운데 깃발을 걸어놓은 모습을 형상화한 것.
설명	위와 아래에 깃발이 펄럭이는 모습을 표현하고, 그 깃발이 위와 아래의 사이에 있으니, 그것이 가운데라는 뜻.

水(물수)

⑧水(물수) ※⑦川(내천) → ❼江(강강)
＼ ❼漢(한수한) ← ❹堇(진흙근) ← ❻黃(누를황) ← ❻光(빛광)

한자	⑧水(물 수)
중국어	水(shuǐ)
육서	상형
분석	사방의 물이 고여 있는 곳 사이로 물이 흐르는 모습을 형상화한 것.
설명	가운데의 선처럼 이어져 흐르거나, 또는 주변의 네 점들처럼 고여 있는 것이 모두 물이라는 뜻.

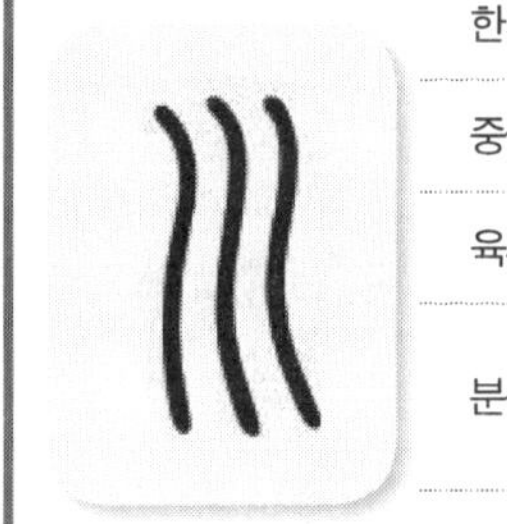

*水(물 수)가 部首(부수)로 쓰일 경우에는 다음과 같이 더 간략하게 씀에 유의하기로 한다.

한자	⑦川(내 천)
중국어	川(chuān)
육서	상형
분석	물이 막히지 않고 흐르는 모습을 형상화한 것.
설명	물이 막히지 않고 거침없이 흐르는 것이 시내나 강이라는 뜻.

한자와 중국어

<table>
<tr><td rowspan="5"></td><td>한자</td><td>❼江(강 강)</td></tr>
<tr><td>중국어</td><td>江(jiāng)</td></tr>
<tr><td>육서</td><td>형성</td></tr>
<tr><td>분석</td><td>水(물 수) + 工(장인 공)</td></tr>
<tr><td>설명</td><td>본래는 양자강을 의미하였으나, 양자강은 중국의 여러 지역을 통과하므로, 후에 강의 총칭으로 바뀌게 됨.</td></tr>
</table>

*工(장인 공)과 관련하여서는, 해당부분(194쪽)을 참고하기로 한다.

<table>
<tr><td rowspan="5"></td><td>한자</td><td>❼漢(한수 한)</td></tr>
<tr><td>중국어</td><td>汉(hàn)</td></tr>
<tr><td>육서</td><td>회의</td></tr>
<tr><td>분석</td><td>水(물 수) + 堇(진흙 근)</td></tr>
<tr><td>설명</td><td>양자강(장강)에서 갈라지는 가장 큰 물줄기로, 진흙물이라 빛깔이 탁함.</td></tr>
</table>

한자	❹菫 (진흙 근)
중국어	菫(jǐn)
육서	회의
분석	黃(누를 황) + 土(흙 토)
설명	누런색의 빛깔을 띠는 흙이 진흙이라는 뜻.

한자	❺黃 (누를 황)
중국어	黃(huáng)
육서	형성
분석	田(밭 전) + 光(빛 광)
설명	흙에서 나오는 빛깔이 바로 누런색이라는 뜻.

한자	❻光(빛 광)
중국어	光(guāng)
육서	회의
분석	火(불 화) + 人(사람 인)
설명	사람이 불을 들고 있으니, 밝게 빛난다는 뜻.

한자	④絲(실 사)
중국어	丝(SĪ)
육서	상형
분석	실을 꼬다가 나머지 밑의 부분이 꼬이지 못해서 흩어뜨린 모습을 형상화한 것.
설명	사물의 모습을 본뜬, 전형적인 상형문자의 예.

*絲(실 사)를 部首(부수)로 사용할 때는 하나만 표기한다.

예) 續(이을 속), 紀(벼리 기)

**또한 중국어 간체자의 部首(부수)로 쓰일 경우에는 다음과 같이 더 간략하게 씀에 유의하기로 한다.

예) 續(이을 속) → 续(xù)
　　紀(벼리 기) → 纪(jì)

한자	❹紙(종이 지)
중국어	纸(zhǐ)
육서	형성
분석	絲(실 사) + 氏(성 씨)
설명	종이가 발명되기 전에는 실을 엮어서 만든 천에다 글씨를 썼다는 뜻.

*따라서 帛書(백서)는 하얀 빛깔의 천을 종이로 삼아서 글을 쓴 책을 의미하니, 함께 엮어서 이해할 수 있다.

한자	④氏(성 씨)
중국어	氏(shì)
육서	상형
분석	巴蜀(파촉: 지금의 사천성)지역의 측면이 곧 무너져 내릴 것 같은 유명한 산 이름. 따라서 옛 글자도 山을 옆으로 돌린 모양을 하고 있음. ㇒(삐침)은 산사태가 일어나 울리는 소리를 묘사한 것인데, 이 산이 무너지면 사방 수 백리 밖의 사람들도 들을 수 있다고 함.
설명	한 지역에 모여 사는 사람들은 같은 성씨를 쓰므로, 다른 지역 사람들에게도 그만큼 잘 알려져 있다는 뜻.

仌(얼음 빙)

◆**仌**(얼음 빙) → ❺**冰**,**氷**(얼음 빙)
＼ ❼**冬**(겨울 동) → ◆**夂**(뒤져올 치) → ❺**終**(마칠 종)

	部首(부수)로만 쓰임.
한자	仌(얼음 빙)
육서	상형
분석	물이 응결하여 얼음이 되는 모습을 형상화한 것.
설명	물에 빗살무늬의 결정체가 생기는 것이 얼음이라는 뜻.

*仌(얼음 빙)이 部首(부수)로 쓰일 경우에는, 다음과 같이 더 간략하게 씀에 유의하기로 한다.

예) 凍(얼 동), 冷(찰 랭) 

한자	❺冰, 氷 (얼음 빙)
중국어	冰(bīng)
육서	회의
분석	仌 (얼음 빙) + 水 (물 수)
설명	물에 빗살무늬의 결정체가 생기는 것이 얼음이라는 뜻.

한자	❼冬 (겨울 동)
중국어	冬(dōng)
육서	회의
분석	夂 (뒤져 올 치) + 仌 (얼음 빙)
설명	사계절 중에서 뒤져 와서 얼음이 어는 계절이 겨울이라는 뜻.

한자	夂 (뒤져 올 치)
육서	지사
분석	사람의 두 발 + 뒤에서 *끄는 힘*
설명	사람의 두 발을 뒤에서 *끄는 힘*이 있으니, 그만큼 뒤져 오게 된다는 뜻.

한자	❺終 (마칠 종)
중국어	终 (zhōng)
육서	형성
분석	絲 (실 사) + 冬 (겨울 동)
설명	실로 마지막 부분을 매듭지으니 마친다는 뜻.

*冬(겨울 동)은 발음뿐만 아니라, 의미도 함께 전달하고 있다.

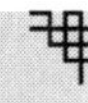

山(메 산)

한자	⑧山(메 산)
중국어	山(shān)
육서	상형
분석	人(하나의 산)을 중심으로, 그 옆에 뾰족하게 이어지는 산봉우리들의 모양을 형상화한 것.
설명	사물의 모습을 본뜬, 전형적인 상형문자의 예.

한자	❽大(큰 대)
중국어	大(dà)
육서	상형
분석	人(하나의 산) + 一(그 위에 있는 산등성이)
설명	앞에 보이는 산 보다 더 크고 높은 것이, 바로 크다는 뜻.

한자	❼天(하늘 천)
중국어	天(tiān)
육서	회의
분석	大(큰 대) + 一(하늘)
설명	큰 것보다 더 높은 곳에 있으니, 지고무상의 하늘이라는 뜻.

한자	❼立(설 립)
중국어	立(lì)
육서	회의
분석	大(큰 대) + 一(땅)
설명	커다란 물체가 땅 위에 있는 모습이 서 있는 것이라는 뜻.

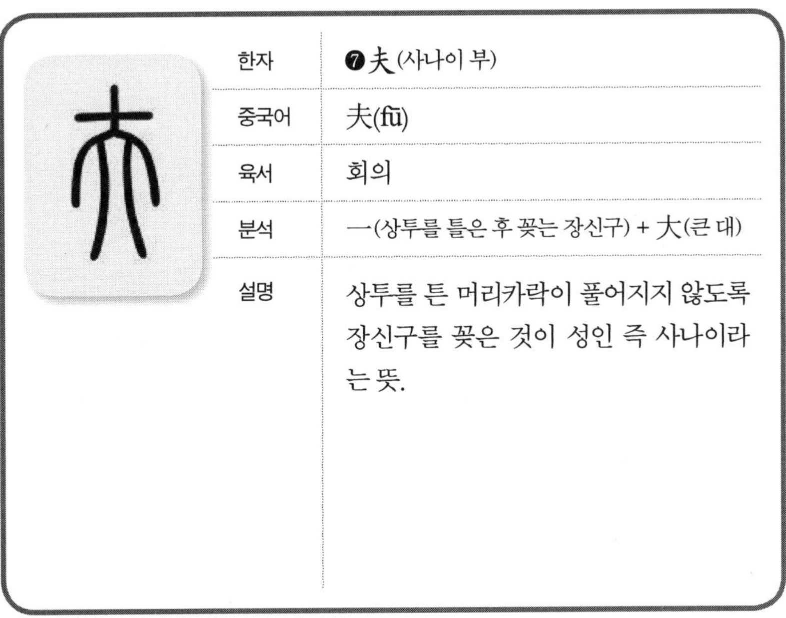

한자	❼夫(사나이 부)
중국어	夫(fū)
육서	회의
분석	一(상투를 틀은 후 꽂는 장신구) + 大(큰 대)
설명	상투를 튼 머리카락이 풀어지지 않도록 장신구를 꽂은 것이 성인 즉 사나이라는 뜻.

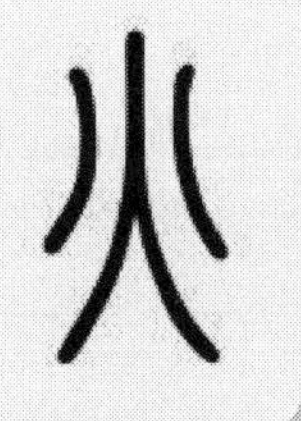

한자	❽火(불 화)
중국어	火(huǒ)
육서	상형
분석	화산이 불을 뿜는 모습을 형상화한 것.
설명	화산에서 뿜어져 나오는 것이 불이라는 뜻.

*火(불 화)가 받침 部首(부수)로 쓰일 경우에는, 다음과 같이 씀에 유의하기로 한다.

예) 烈(세찰 열), 熱(더울 열) 

宀(갓머리)

◆ 宀(갓머리) → ❼家(집 가) ← 特豕(돼지 시)
　　　　　　↘ ❼安(편안 안)
　　　　　　↘ ❼字(글자 자)

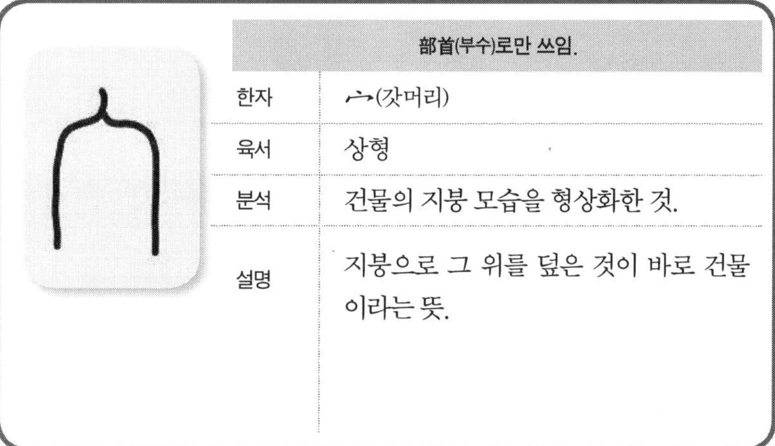

	部首(부수)로만 쓰임.
한자	宀(갓머리)
육서	상형
분석	건물의 지붕 모습을 형상화한 것.
설명	지붕으로 그 위를 덮은 것이 바로 건물이라는 뜻.

한자	❼家(집 가)
중국어	家(jiā)
육서	회의 / 전주
분석	宀(건물) + 豕(돼지 시)
설명	돼지가 머무는 건물이라는 뜻에서, 후에 사람이 사는 집이라는 뜻으로 바뀌게 됨.

한자	特豕 (돼지 시)
중국어	豕(shǐ)
육서	상형
분석	머리에 네 발이 달리고 몸 뒤에 꼬리가 달린 모습을 형상화한 것.
설명	화가 나면 꼬리를 위로 치켜 올리는 것이 돼지라는 뜻.

한자	❼安 (편안 안)
중국어	安(ān)
육서	회의
분석	宀(건물) + 女(계집 녀)
설명	여자가 집안에 고요히 있다는 것은, 그만큼 몸과 마음이 편안하다는 뜻.

한자	❼字(글자 자)
중국어	字(zì)
육서	형성 / 전주
분석	宀(건물) + 子(아들 자)
설명	집안에서 자식을 낳아 키운다는 뜻. 후에 글자라는 의미로 확장됨.

*子(아들 자)는 발음뿐만 아니라, 의미도 함께 전달하고 있다.

**오늘날의 '글자'라는 의미로 확장된 배경에 대해서는, 아마도 문자라는 것이 이처럼 자식과도 같이 새로 생겨나고, 나아가 그 의미가 점차 커졌기 때문이 아니었을까하고 추측한다.

한자와 중국어

午(낮 오)

⑦午(낮 오)　　→　㉑春(찧을 용)

	한자	⑦午(낮 오)
	중국어	午(wǔ)
	육서	지사
	분석	절굿공이의 모습을 형상화한 것.
	설명	서있는 절굿공이가 가리키는 방향에 태양이 있는 때가 '낮'이라는 뜻.

	한자	㉑春(찧을 용)
	중국어	春(chōng)
	육서	상형
	분석	절굿공이를 두 손으로 쥐고 절구질하는 모습을 형상화한 것.
	설명	위아래로 절구질하는 것이 곡식을 찧는다는 뜻.

雨(비 우)

⑤雨(비 우) → ❼電(번개 전) ← ❹申(납 신)

한자	⑤雨(비 우)
중국어	雨(yǔ)
육서	상형
분석	하늘(一)의 구름(冂)에서 물이 떨어지는 모습을 형상화한 것.
설명	하늘 위에 떠있는 구름에서 물이 떨어지는 것이 비라는 뜻.

한자	❼電(번개 전)
중국어	电(diàn)
육서	회의
분석	雨(비 우) + 申(납 신)
설명	비가 오면서 구름에서 뻗어 나오는 것이 번개라는 뜻.

	한자	❹申(납 신)
	중국어	申(shēn)
	육서	상형
	분석	구름 속에서 뻗어 나오는 번개의 모습을 형상화한 것.
	설명	본래는 번개의 뜻을 지녔으나, 후에 뻗어 나온다는 의미로 확장됨.

牛(소 우)

⑤牛(소 우)   →   ❽弟(아우 제)

            ❼物(물건 물) ← ❸勿(말 물)

            ❺件(물건 건)

한자	⑤牛(소 우)
중국어	牛(niú)
육서	상형
분석	두 뿔이 달린 소의 모습을 형상화한 것.
설명	사물의 모습을 본뜬, 전형적인 상형문자의 예.

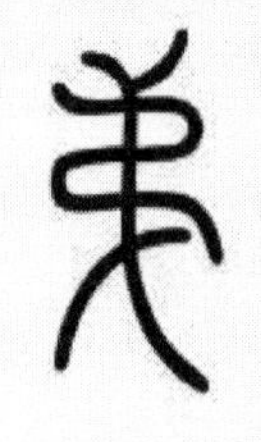

한자	❽弟(아우 제)
중국어	弟(dì)
육서	상형 / 전주
분석	牛(소의 가죽) + ㄹ(묶다)
설명	사물은 소의 가죽으로 위에서 아래로 돌려 묶는 것이 순서라는 뜻에서, 점차 그것이 다음 즉 동생이라는 의미로 확장됨.

한자	❼物(물건 물)
중국어	物(wù)
육서	형성
분석	牛(소 우) + 勿(말 물)
설명	소는 농경사회에서 가장 중요한 존재이므로, 만물의 으뜸이 된다는 뜻.

*소는 살았을 때는 노동을 제공하거니와, 죽어서도 고기와 가죽 등 모든 것을 준다. 따라서 옛 사람들은 이러한 소를 만물의 으뜸으로 여겼고, 만물의 대표로서 소를 내세우게 된 것이다.

한자	❸勿(말 물)
중국어	勿(wù)
육서	상형
분석	깃대에 걸려 나부끼는 여러 색깔의 천의 모습을 형상화한 것.
설명	고대에는 대부나 선비들이 이 깃대로 백성을 불러 모아서 재촉했는데, 후에 금기의 명령을 나타내는 의미로 확대됨.

	한자	❺件 (물건 건)
	중국어	件(jiàn)
	육서	회의
	분석	人(사람 인) + 牛(소 우)
	설명	소는 덩치가 큰 동물이라서, 사람이 온갖 것으로 가르고 나눌 수 있다는 뜻.

한자와 중국어

又 (또 우)

③又 (또 우) → **8**寸 (마디 촌)
        ↘ **8**父 (아비 부)
        ↘ **8**教 (가르칠 교) ← ①爻 (사귈 효/가로그을 효)
        ↘ **8**學 (배울 학) ↙
        ↘ **3**辰 (별 신, 별 진) → **7**農 (농사 농)
        ↘ **5**史 (사기 사) → **7**事 (일 사)
        ↘ **7**右 (오른 우)
        ↘ **7**左 (왼 좌)
        ↘ **7**有 (있을 유)

한자	③又 (또 우)
중국어	又(yòu)
육서	상형
분석	세 손가락만 보이는 오른 손의 모습을 형상화한 것.(옛날에는 보통 셋까지만 표현했기 때문에 손가락을 세 개만 표시했음.)
설명	일반적으로 사람들은 오른 손을 써서 일을 반복하기 때문에, 거듭한다는 뜻.

한자	❽寸(마디 촌)
중국어	寸(cùn)
육서	회의
분석	又(손) + 一(한마디)
설명	손에서 하나 내려간 동맥이 있는 곳까지의 길이가 한마디라는 뜻.

한자	❽父(아비 부)
중국어	父(fù)
육서	회의
분석	又(손) + ㅣ(회초리)
설명	손으로 회초리를 잡고 엄하게 기르는 사람이 아비라는 뜻.

한자	❽教(가르칠 교)
중국어	教(jiāo)
육서	회의
분석	爻(본받을 효) + 子(아들 자) + 攵 = 攴 (칠 복)
설명	자식(子)이 본받도록(爻) 회초리로 치는 것(攵)이 가르침이라는 의미를 파생시킴.

한자	①爻 (사귈 효 / 가로 그을 효)
중국어	爻(yáo)
육서	상형 / 전주
분석	마주하는 상대방들이 서로 교차하는 모습을 형상화한 것.
설명	서로 교차하는 것이 사귀는 것이고, 사귐으로써 상대방을 본받게 되며, 후에 부정을 뜻하는 ×와 모양이 흡사하므로 가로 그어 부정한다는 뜻으로 확장됨.

한자	❽學(배울 학)
중국어	学(xué)
육서	회의
분석	爻(본받을 효)+臼(허물 구)+冖(덮을 멱)+子(아들 자)+攵＝攴(칠 복)
설명	무지몽매함(冖)에 사로잡힌 자식(子)이 허물(臼)을 깨고 본받도록(爻) 회초리로 치는 것(攵)이 가르침이라는 의미를 파생시킴.

*본래는 '學攵'이 온전한 글자였으나, 후에 攵 ＝ 攴(칠 복)이 생략된 것이다.

한자	❸辰(별 신, 별 진)
중국어	辰(chén)
육서	지사
분석	손으로 농기구를 끄는 모습을 형상화한 것.
설명	옛날에는 별자리를 보면서 때를 알았으므로, 손으로 농기구를 끄는 것은 별자리를 보면서 한다는 뜻.

한자	❼農 (농사 농)
중국어	农 (nóng)
육서	회의
분석	曲(밭을 갈음) + 辰(별 신, 별 진)
설명	별자리를 보고 때에 맞춰서 밭을 가는 것이 농사를 짓는 것이라는 뜻.

한자	❺史 (사기 사)
중국어	史 (shǐ)
육서	회의
분석	又(손) + 中(객관적이고 공정함)
설명	손으로 객관적이고도 공정하게 써내려 가는 것이 나랏일을 기록하는 것이라는 뜻.

한자	❼事(일 사)
중국어	事(shì)
육서	형성
분석	史(사기 사) + 之(갈 지)
설명	시간이 감에 따라서 계속해서 나랏일을 기록하는 것이 해야 하는 '일'이라는 뜻.

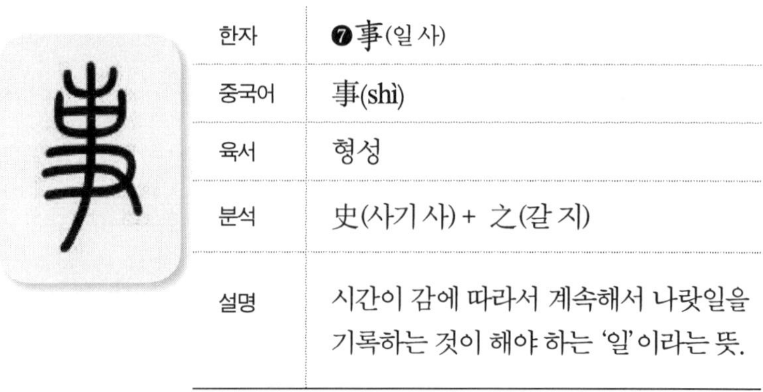

*之(갈 지)의 의미에 대해서는, 해당부분(142쪽)을 참조하기 바란다.

한자	❼右(오른 우)
중국어	右(yòu)
육서	회의
분석	又(손) + 口(말)
설명	오른쪽에서 기록하는 사관은 임금의 '말'을 기록함으로써 돕는다는 뜻임. 후에 오른쪽이라는 의미로 전용됨.

한자	❼左(왼 좌)
중국어	左(zuǒ)
육서	회의
분석	又(손) + 工(규격, 행동)
설명	왼쪽에서 기록하는 사관은 임금의 규격 즉 행동을 기록함으로써 돕는다는 뜻임. 후에 왼쪽이라는 의미로 전용됨.

한자	❼有(있을 유)
중국어	有(yǒu)
육서	형성
분석	又(또 우) + 月(달 월)
설명	해나 달에는 일식과 월식이 존재한다는 뜻.

之(갈 지)

③之(갈지)　→　❹寺(절사)　→　❼時(때시)

한자	③之(갈 지)
중국어	之(zhī)
육서	상형
분석	풀이 자라난 모습을 형상화한 것.
설명	艸(풀 초)에서 더욱 성장하여 옆에 새로운 가지가 생겨난 것은 시간이 간다는 뜻.

한자	❹寺(절 사)
중국어	寺(sì)
육서	형성
분석	之(갈 지) + 寸(마디 촌)
설명	일정한 간격의 보폭으로 걷는 곳이 바로 법제가 있는 '조정'이라는 뜻. 후에 그러한 법제가 있는 '절, 사찰'이라는 의미로 전용됨.

*之(갈지)는 발음뿐만 아니라, 의미도 함께 전달하고 있다.

한자	❼時(때 시)
중국어	时(shí)
육서	형성
분석	日(날 일) + 寺(절 사)
설명	태양이 일정한 간격으로 가는 것이 바로 '때'라는 뜻.

日 (날 일)

한자	⑧日 (날 일)
중국어	日(rì)
육서	상형
분석	태양과 그 안의 흑점을 형상화한 것.
설명	사물의 모습을 본뜬, 전형적인 상형문자의 예.

한자	❽白 (흰 백)
중국어	白(bái)
육서	상형
분석	태양이 나올 때 그 윗부분의 색을 형상화한 것.
설명	태양이 나올 때 그 윗부분이 밝아지니, 그 빛깔이 바로 흰색이라는 뜻.

한자	❼百 (일백 백)
중국어	百(bǎi)
육서	형성
분석	一(한 일) + 白(흰 백)
설명	모든 것이 하나로 밝아지니, 그만큼 대단히 많다는 뜻.

*白(흰 백)은 발음뿐만 아니라, 의미도 함께 전달하고 있다.

한자	❼春 (봄 춘)
중국어	春(chūn)
육서	회의
분석	艸(풀 초) + 屯(어려울 준) + 日(날 일)
설명	줄기가 여려서 자라기 어려운 새싹이 나오는 때가 봄이라는 뜻.

한자	❸屯(어려울 준 / 진칠 둔)
중국어	屯(zhūn / tún)
육서	상형 / 전주
분석	줄기가 여린 새싹이 막 나와서 휘어진 모습을 형상화한 것.
설명	줄기가 연약하면 위로 자라기 어렵다는 뜻임. 후에 관리하기가 어려우므로, '주둔하다'와 '방어하다'라는 의미로 확장됨.

한자	❼場(마당 장)
중국어	场(chǎng)
육서	형성
분석	土(땅) + 昜(旦+勿: 태양이 뜨는 곳에서 제사준비를 위해서 재촉함)
설명	태양에게 제사를 지내는 땅은 평평하고 넓으므로, 그러한 장소가 마당이라는 뜻.

 한자와 중국어

한자	❸旦(아침 단)
중국어	旦(dàn)
육서	회의
분석	日(날 일) + 一(땅)
설명	태양이 땅 위로 솟아오르면 아침이라는 뜻.

月(달 월)

한자	⑧ 月(달 월)
중국어	月(yuè)
육서	상형
분석	초승달과 그 안에 보이는 반점들을 형상화한 것.
설명	사물의 모습을 본뜬, 전형적인 상형문자의 예.

한자	❽ 外(바깥 외)
중국어	外(wài)
육서	회의
분석	夕(저녁 석) + 卜(점 복)
설명	본래 점은 아침에 치는 것인데, 저녁에 점을 치는 것은 관례에서 벗어난 범위 '바깥'의 것이라는 뜻.

한자	❼ 夕 (저녁 석)
중국어	夕(xī)
육서	상형
분석	초승달과 그 안에 잘 보이지 않는 반점들을 형상화한 것.
설명	아직 달 속의 반점들이 잘 보이지 않는 때가 저녁이라는 뜻.

한자	❼ 名 (이름 명)
중국어	名(míng)
육서	회의
분석	夕(저녁 석) + 口(입 구)
설명	저녁이 되어 어두워지면 상대방이 잘 보이지 않으므로, 입으로 자기가 누구인지를 밝히는 것이 이름이라는 뜻.

肉(고기 육)

④肉 (고기 육) → ❼然(그럴 연) ← ❹犬(개 견)
＼ ❼育(기를 육) ← ◆ 厶(어긋날 돌)

한자	④肉(고기 육)
중국어	肉(ròu)
육서	상형
분석	큰 고깃덩어리의 모습을 형상화한 것.
설명	사물의 모습을 본뜬, 전형적인 상형문자의 예.

*月(달 월)과 매우 흡사하지만, 안쪽의 두 획 모양이 다름에 유의한다.

한자	❼然(그럴 연)
중국어	然(rán)
육서	형성
분석	肰(개고기 연) + 火(불 화)
설명	개고기(음식)는 본디 불에 익혀 먹어야 하니, 바로 그러한 것이 본연의 이치라는 뜻.

한자	❹犬(개 견)	
중국어	犬(quǎn)	
육서	상형	
분석	사람(人)과 같이 두 뒷다리로 서서 두 앞다리를 치켜든 개의 모습을 형상화한 것.	
설명	사물의 모습을 본뜬, 전형적인 상형문자의 예.	

한자	❼育(기를 육)	
중국어	育(yù)	
육서	형성	
분석	𠫓(어긋날 돌) + 肉(고기 육)	
설명	순리에 따르지 않는 불효한 자식을 바르게 기른다는 뜻.	

한자	去 (어긋날 돌)
육서	상형
분석	子(아들 자)를 거꾸로 한 모습을 형상화한 것.
설명	순리에 따르지 않는 자식이라는 뜻.

ㄴ(숨을 은)

	部首(부수)로만 쓰임.
한자	 ㄴ(숨을 은)
육서	상형
분석	휘어져있는 모습을 형상화한 것.
설명	곧지 못하고 휘어진 것은 그것을 감추려고 숨으려 한다는 뜻.

한자	❼直(곧을 직)
중국어	直(zhí)
육서	회의
분석	十(열 십) + 目(눈 목) + ㄴ(숨을 은)
설명	열 개의 눈으로 숨은 것을 바라보면, 바르고 곧아진다는 뜻.

한자	⑥ 目 (눈 목)
중국어	目(mù)
육서	상형
분석	사람의 눈 모습을 형상화한 것.
설명	사물의 모습을 본뜬, 전형적인 상형문자의 예.

한자	❼ 植 (심을 식)
중국어	植(zhí)
육서	형성
분석	木(나무 목) + 直(곧을 직)
설명	나무를 곧게 하는 것이 심는다는 뜻.

*直(곧을 직)은 발음뿐만 아니라, 의미도 함께 전달하고 있다.

來 (올 래)

⑦**來**(올 래)　→　❸**麥**(보리 맥)　←　◆**夊**(천천히 걸을 쇠)

한자	⑦**來**(올 래)
중국어	来(lái)
육서	상형 / 전주
분석	풀의 끝자락에 곡식들이 맺혀있는 보리의 모습을 형상화한 것.
설명	周(주)나라는 제후국들로부터 보리를 조공 받았고, 또한 이는 하늘이 내리신 것으로 여겼기 때문에, 이것이 '오다'라는 뜻으로 확장된 것임.

한자	❸**麥**(보리 맥)
중국어	麦(mài)
육서	회의
분석	來(올 래) + 夊(천천히 걸을 쇠)
설명	본래는 來(올 래)가 '보리'였으나 후에 '오다'라는 뜻으로 전용되자, 보리는 파종 후 천천히 걷듯이 발로 밟아주므로, 夊(천천히 걸을 쇠)를 추가하여 만든 것.

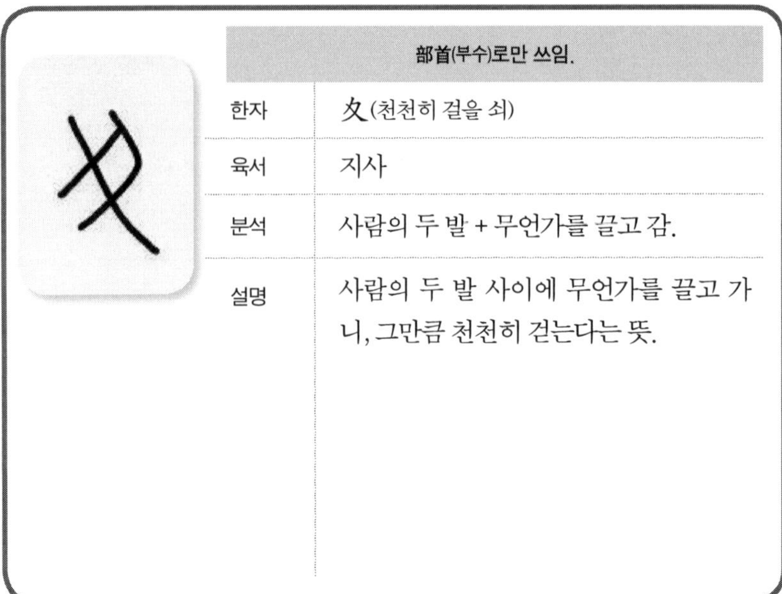

한자	夂 (천천히 걸을 쇠)
육서	지사
분석	사람의 두 발 + 무언가를 끌고 감.
설명	사람의 두 발 사이에 무언가를 끌고 가니, 그만큼 천천히 걷는다는 뜻.

田(밭 전)

④田(밭 전)　→　❼男(사내 남)　←　❼力(힘 력)
　　　　　↘　❼里(마을 리)

한자	④田(밭 전)
중국어	田(tián)
육서	상형
분석	논밭의 모양과 그 사이의 두렁 모양을 형상화한 것.
설명	땅을 구획하여 그 사이에 두렁을 둔 것이 논밭이라는 뜻.

한자	❼男 (사내 남)
중국어	男(nán)
육서	회의
분석	田(밭 전) + 力(힘 력)
설명	밭에서 근육이 나오도록 힘을 쓰는 것이 사내라는 뜻.

한자	❼力(힘 력)
중국어	力(lì)
육서	상형
분석	팔의 가로 세로로 난 근육의 모양을 형상화한 것.
설명	팔에 가로 세로로 난 빗살무늬의 근육이 바로 '힘'이라는 뜻.

한자	❼里(마을 리)
중국어	里(lǐ)
육서	회의
분석	田(밭 전) + 土(흙 토)
설명	밭이 있는 땅이 '마을'이라는 뜻.

主(주인 주)

⑦主(주인주) → ❼住(살주)

	한자	⑦主(주인 주)
	중국어	主(zhǔ)
	육서	상형
	분석	등잔 가운데의 등불 모습을 형상화한 것.
	설명	등잔의 등불이 근본이자 주인이라는 뜻.

한자	❼住(살 주)
중국어	住(zhù)
육서	형성
분석	人(사람 인) + 主(주인 주)
설명	사람이 주인이 되어 머문다는 뜻.

*住(살 주)의 원형은 甲骨文(갑골문)이나 金文(금문)에 남아있지 않으므로, 후대에 만들어진 문자로 추측된다.

舟(배 주)

③舟(배주) → ❼前(앞 전)

한자	③舟(배 주)
중국어	舟(zhōu)
육서	상형
분석	통나무로 만든 배의 모습을 형상화한 것.
설명	사물의 모습을 본뜬, 전형적인 상형문자의 예.

한자	❼前(앞 전)
중국어	前(qián)
육서	회의
분석	舟(배 주) + 止(그칠 지)
설명	배를 타고 있으면 몸이 가지 않지만 나아가 있으니, 바로 '앞'에 있게 된다는 뜻.

* 刂(칼 도)는 옛 글자의 모양을 오해하여, 후에 의미와 상관없이 추가된 것이다.

卩 (병부 절)

◆ 卩(병부 절) → ❼色(빛 색)
　　　　　　＼ ❼邑(고을 읍)
　　　　　　＼ ❼村(마을 촌)

部首(부수)로만 쓰임.	
한자	卩 (병부 절)
육서	상형
분석	나무패로 만든 병부(신표)의 반쪽 모양을 형상화한 것.
설명	사람들을 불러 모아서 임금의 명령임을 증명하는 병부의 반쪽을 보여줌으로써, 임금의 명령에 부합하여 부린다는 뜻.

한자	❼色(빛 색)
중국어	色(sè)
육서	회의
분석	人(사람) + 卩(병부, 신표)
설명	사람의 마음은 얼굴빛과 부합한다는 뜻.

한자	❼邑 (고을 읍)
중국어	邑(yì)
육서	회의
분석	口(사방) + 卩(병부, 신표)
설명	임금의 명령임을 증명하는 병부의 반쪽을 받아서 봉해진 지역(나라)임을 뜻함.

한자	❼村 (마을 촌)
중국어	村(cūn)
육서	형성
분석	본래는 邨(마을 촌)으로, 이는 卩(병부, 신표)가 邑(고을 읍)을 나타내고, 屯(진칠 둔)은 소리를 나타냄. 후에 邨(마을 촌)이 村(마을 촌)으로 대체됨.
설명	임금의 명령임을 증명하는 병부의 반쪽을 받아서 봉해진 지역(나라)임을 뜻함.

*村(마을 촌)의 원형은 甲骨文(갑골문)이나 金文(금문)에 남아있지 않으므로 후대에 만들어진 문자로 추측된다.

스(삼합 집)

◆스(삼합 집) → ❻今(이제 금) → ❽金(쇠 금)
　　　　↘ ❻合(합할 합) → ❼答(대답 답)
　　　　↘ ❺令(하여금 령)
　　　　　　　　　↘ ❼命(목숨 명)
　　　　↘ ❼食(밥 식)

↖　◆皀(고소할 급, 낱알 핍) ← ◆匕(비수 비)

部首(부수)로만 쓰임.	
한자	스(삼합 집)
육서	상형
분석	세 가지의 물건이 모여져 있는 모양을 형상화한 것.
설명	여러 물건이 한데 쌓여져 있다는 뜻.

한자	❻今(이제 금)
중국어	今(jīn)
육서	회의
분석	스(쌓임) + ㄱ(미쳐서 닿음)
설명	세월이 쌓여서 현재에 이른 것이 바로 '지금'이라는 뜻.

한자	❽金(쇠 금)
중국어	金(jīn)
육서	형성
분석	今(이제 금)+土(흙 토)+丷(두 개의 점: 광물들)
설명	흙에 광물이 묻혀있음을 표시한 것.

여기서 今(이제 금)은 소리만을 전달하고 있다.
*金(쇠 금)이 중국어 간체자의 部首(부수)로 쓰일 경우에는 다음과 같이 더 간략하게 씀에 유의하기로 한다.

예) 銀(은 은)→ 银(yín)
　　銅(구리 동)→ 铜(tóng)

한자	❻合(합할 합)
중국어	合(hé)
육서	회의
분석	스(쌓임) + 口(입 구)
설명	사람의 입이 쌓이니, 그들의 뜻이나 의견들이 합쳐진다는 뜻임.

한자	❼答(대답 답)
중국어	答(dá)
육서	형성
분석	竹(대 죽) + 合(합할 합)
설명	종이가 발명되기 전에는 대나무를 쪼개서 글을 적었으니, 글을 적은 대나무에 합쳐져서 회답한다는 뜻으로 확장된 것으로 추측됨.

*答(대답 답)의 원형은 甲骨文(갑골문)이나 金文(금문)에 남아있지 않으므로, 후대에 만들어진 문자로 추측된다.

한자	❺令(하여금 령)
중국어	令(lìng)
육서	회의
분석	亼(쌓임) + 卩(병부, 신표)
설명	사람을 모아놓고 나무패로 만든 병부를 보여줌으로써 부린다는 뜻임.

한자	❼命(목숨 명)	
중국어	命(mìng)	
육서	회의	
분석	令(하여금 령) + 口(입 구)	
설명	말로 사람들을 부리는 것이 명령한다는 뜻임.	

한자	❼食(밥 식)	
중국어	食(shí)	
육서	회의	
분석	亼(쌓임) + 皀(고소할 급, 낱알 핍)	
설명	익은 곡식의 고소한 향기가 쌓인 것이, 또는 곡식의 알들을 쌓아놓은 것이 밥이라는 뜻.	

한자와 중국어

<table>
<tr><td colspan="2" align="center">部首(부수)로만 쓰임.</td></tr>
<tr><td>한자</td><td>皀(고소할 급, 낱알 핍)</td></tr>
<tr><td>육서</td><td>회의</td></tr>
<tr><td>분석</td><td>白(하얀 곡식의 알) + 匕(숟가락)</td></tr>
<tr><td>설명</td><td>하얀 곡식을 숟가락에 올리면 고소한 향기가 난다는 뜻. 혹은 숟가락에 올린 것이 곡식의 낱알이라는 뜻.</td></tr>
</table>

<table>
<tr><td colspan="2" align="center">部首(부수)로만 쓰임.</td></tr>
<tr><td>한자</td><td>匕(비수 비)</td></tr>
<tr><td>육서</td><td>상형</td></tr>
<tr><td>분석</td><td>人(사람 인)이 좌우로 뒤집힌 모습을 형상화한 것.</td></tr>
<tr><td>설명</td><td>서있는 사람이 좌우 반대방향으로 향했으니, 마주하여 비교한다는 뜻. 또한 숟가락의 끝부분 모양과도 같으므로, 숟가락의 의미로도 쓰임.</td></tr>
</table>

辵(쉬엄쉬엄 갈 착)

◆辵　←　◆彳(조금 걸을 척)　→　❼後(뒤 후)　←　◆幺(작을 요)
(쉬엄쉬엄 갈 착)　　❺止(그칠 지)　→　❼正(바를 정)
　　　　　　　　　　　　❼足(발 족)

	部首(부수)로만 쓰임.
한자	辵(쉬엄쉬엄 갈 착)
육서	회의
분석	彳(조금 걸을 척) + 止(그칠 지)
설명	조금 걷다가 멈춰서다가 하는 것이 쉬엄쉬엄 간다는 뜻.

	部首(부수)로만 쓰임.
한자	彳(조금 걸을 척)
육서	상형
분석	하반신의 세 부분(대퇴부, 종아리, 발)이 서로 잇닿은 모습을 형상화한 것.
설명	하반신의 세 부분이 잇닿은 듯 걷고 있으므로, 보폭이 매우 작다는 뜻.

　　　　　　　　　　한자와 중국어

한자	❼ 後 (뒤 후)
중국어	后 (hòu)
육서	회의
분석	彳(조금 걸을 척)+幺(작을 요)+夊(천천히 걸을 쇠)
설명	보폭이 작게 천천히 걸으면 조금씩 뒤에 있게 된다는 뜻.

한자	幺 (작을 요)
중국어	幺 (yāo)
육서	상형
분석	아기가 갓 태어난 모습을 형상화한 것.
설명	갓 태어난 아기는 작고 여리다는 뜻.

한자	❺止(그칠 지)
중국어	止 (zhǐ)
육서	상형
분석	풀과 나무의 바닥 모습을 형상화한 것.
설명	풀과 나무는 위로 자라지만, 밑에는 반드시 기반이 되어 멈추는 곳이 있다는 뜻.

한자	❼正(바를 정)
중국어	正 (zhèng)
육서	회의
분석	一(하늘) + 止(그칠 지)
설명	하늘과 같이 높은 지위에 있는 인물이 마땅히 멈추는 곳이 바른 것이라는 뜻.

한자	❼足 (발 족)
중국어	足 (zú)
육서	회의
분석	口 (상체) + 止 (그칠 지)
설명	상체 밑의 대퇴부 이하가 발이라는 뜻.

首(머리 수)

❺首(머리수) → ❼道(길도)
  ＼ ❼面(낯면)
  ＼ ❼自(스스로자)
  ＼ ❼夏(여름하)

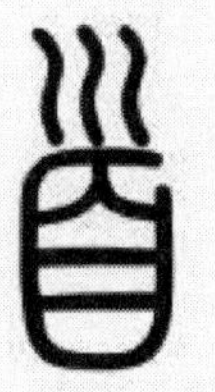

한자	❺首(머리 수)
중국어	首(shǒu)
육서	상형
분석	사람의 머리 모습을 형상화한 것.
설명	巛(머리카락) 밑으로 눈 코 입이 있는 것이 사람의 머리라는 뜻.

한자	❼道(길 도)
중국어	道(dào)
육서	회의
분석	辶(쉬엄쉬엄 갈 착) + 首(머리 수)
설명	쉬엄쉬엄 걸으면서 머리를 향하는 곳이 바로 사람이 걸어가는 길이라는 뜻.

*중국사상의 궁극인 道(도)는 그만큼 하루아침에 도달할 수 없다는 의미 역시 함축하고 있다. 변치 않는 자세로 꾸준히 행했을 때 비로소 도달할 수 있는 것이 바로 道(도)이다.

한자와 중국어

한자	❼面(낯 면)
중국어	面(miàn)
육서	상형
분석	사람의 얼굴과 머리 윤곽의 모습을 형상화한 것.
설명	巛(머리카락)을 제외한 首(머리 수)에 口(머리 윤곽)을 포함한 것이 낯이라는 뜻.

한자	❼自 (스스로 자)
중국어	自(zì)
육서	상형 / 전주
분석	사람의 코의 모습을 형상화한 것.
설명	본래는 코를 가리켰으나, 후에 사람들이 자기를 말할 때 손가락으로 코를 가리켰으므로 '스스로'라는 뜻으로 확장됨.

한자	❼夏(여름 하)
중국어	夏(xià)
육서	회의 / 전주
분석	頁(머리 혈)+臼(두 손)+夂(천천히 걸을 쇠)
설명	큰 머리의 탈을 두 손으로 잡고 천천히 걸으며 추는 춤을 추던 풍속이 있던 민족의 나라가 지금 중국 중원지역에 살던 夏(하)나라이고, 주변의 오랑캐였던 東夷(동이)와 北狄(북적)이 여름에 하나라에 귀속했으므로 '여름'이라는 의미로 확장됨.

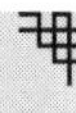

舛(어그러질 천)

◆舛(어그러질 천) → ❽韓(한국 한) ← ◆倝(햇빛이 빛나는 모양 간)

	部首(부수)로만 쓰임.
한자	舛(어그러질 천)
육서	회의
분석	왼쪽을 향한 발 + 오른쪽을 향한 발
설명	왼쪽을 향한 발과 오른쪽을 향한 발이 뒤엉켜 어그러져 있다는 뜻.

한자	❽韓(한국 한)
중국어	韩(hán)
육서	형성
분석	倝(햇빛이 빛나는 모양 간) + 韋(에워싸다)
설명	사방(口)을 좌우의 어그러진 발자국(舛)으로 에워싼 지역이라는 뜻. 본래 한국과는 상관이 없으나, 한민족의 '한'과 발음이 같으므로 빌려 쓰게 됨.

*본래는 韋(가죽 위) 위에 삿갓모양의 '人'이 있으나, 후에 없어졌다.

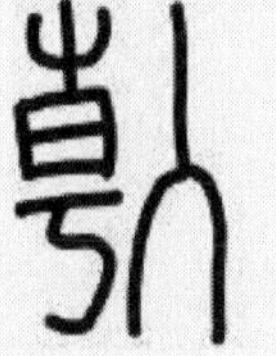

	部首(부수)로만 쓰임.
한자	倝(햇빛이 빛나는 모양 간)
육서	형성
분석	旦(아침 단) + 㫃(나부낄 언)
설명	아침에 태양이 떠오르면, 그 빛이 나무 줄기처럼 나부낀다는 뜻.

*旦(아침 단)은 발음뿐만 아니라, 의미도 함께 전달하고 있다.

艸(풀 초)

◆艸(풀초) → ❼草(풀 초) ← ❹早(이를조) ← ④甲(갑옷갑)
　　　 ↘ ❽南(남녘 남)
　　　 ↘ ❼旗(기 기) ← ❷其(그 기) ← ❷箕(키 기) ← ④竹(대 죽)
　　　　 ③貝 (조개 패) → ❺具(갖출구) → ❼算(셈산) ↙
　　　 ↘ ❼出(날 출)
　　　 ↘ ❼每(매양매) → ❼海(바다 해)
　　　 ↘ ❽生(날 생) → ❽靑(푸를 청) ← ❸丹(붉을단) ← ③井(우물 정)
　　　 ↘ ❼姓(성 성)
　　　 ↘ ❺性(성품 성) ← ⑦心(마음 심)

	部首(부수)로만 쓰임.
한자	艸(풀 초)
육서	상형
분석	수많은 풀들이 자라난 모양을 형상화한 것.
설명	사물의 모습을 본뜬, 전형적인 상형문자의 예.

한자	❼草(풀 초)
중국어	草(cǎo)
육서	형성
분석	艸(풀 초) + 早(아침 조)
설명	본래는 상수리나무 열매를 지칭했는데, 나중에 풀을 나타내는 뜻으로 바뀜.

한자	❹早(이를 조 / 아침 조)
중국어	早(zǎo)
육서	회의
분석	日(날 일) + 甲(갑옷 갑)
설명	태양이 이제 막 시작하여 떠오르니, 시간적으로 이르다는 뜻. 나아가 이른 '아침'이라는 뜻도 지님.

한자와 중국어

한자	④甲(갑옷 갑)
중국어	甲(jiǎ)
육서	상형 / 전주
분석	새싹이 씨앗을 덮고 있는 껍질을 막 비집고 나오는 모습을 형상화한 것.
설명	이제 막 시작한다는 뜻. 여기서 처음이라는 뜻과, 껍질의 딱딱함 나아가 갑옷이라는 의미로 확장됨.

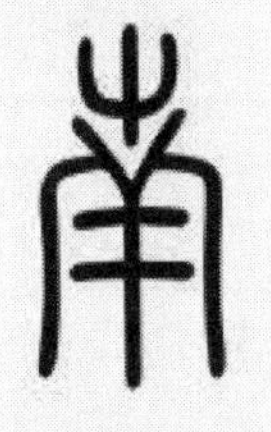

한자	❽南(남녘 남)
중국어	南(nán)
육서	지사
분석	艸(풀 초) + 木(나무 목) + 八(나뭇가지)
설명	풀과 나무의 가지가 향하는 방향이 남쪽이라는 뜻.

*'羊'과 흡사하게 생긴 가운데 문양에 대해서, 1) 羊(양양)으로 해석하여 '양들을 키우는 곳이 남쪽'이라고 주장하는 설과, 2) 荏(임: rěn)과 같이 발음되지만 지금은 사라진 문자라고 주장하는 설이 있다. 특히 2)의 주장은 결국 南(남녘 남)이 형성문자라고도 주장하는 것인데, 필자는 이 두 학설이 모두 타당하지 않다고 판단한다. 여기서 '干'은 오히려 '木(나무 목)'의 변형이고 '八'은 거기서 뻗어 나와 남쪽으로 향한 나뭇가지로 봐야, 그 설명에 더욱 부합할 것이다.

한자	❼旗(기 기)
중국어	旗(qí)
육서	형성
분석	㫃(나부낄 언) + 其(그 기)
설명	풀이 휘어서 아래로 흔들리고, 깃대에 매단 띠가 좌우로 펄럭이는 것이 깃발이라는 뜻.

한자	❷其(그 기)
중국어	其(qí)
육서	상형
분석	箕(키 기)에서 점차 그 의미가 변한 것임.
설명	대나무로 엮어서 만든 도구인 '키'에서, 점차 가리켜 부르는 '그'라는 뜻으로 변함.

한자	❷箕(키 기)
중국어	箕(jī)
육서	상형
분석	곡식에 섞여있는 불순물을 제거하는 키와 그 밑에 있는 받침대의 모양을 형상화한 것.
설명	대나무로 엮어서 만든 도구가 키라는 뜻.

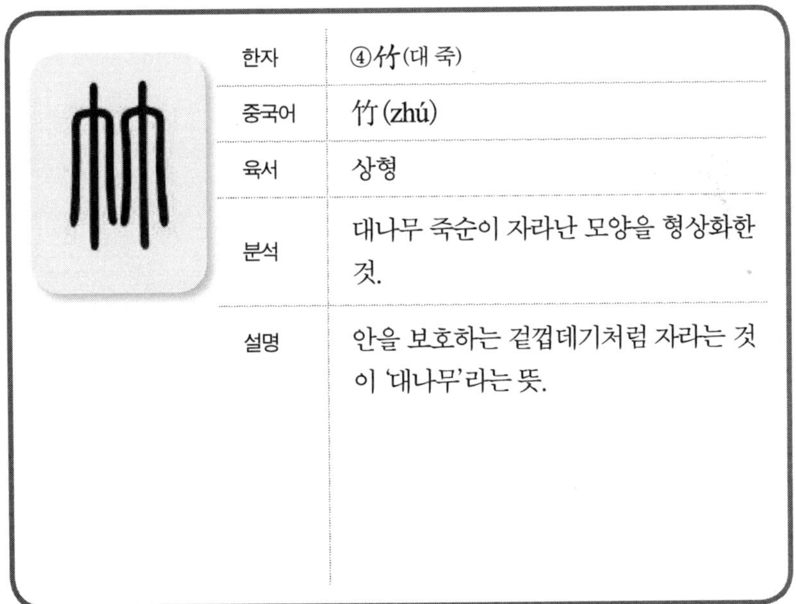

한자	④竹(대 죽)
중국어	竹(zhú)
육서	상형
분석	대나무 죽순이 자라난 모양을 형상화한 것.
설명	안을 보호하는 겉껍데기처럼 자라는 것이 '대나무'라는 뜻.

한자	❼算(셈 산)
중국어	算(suàn)
육서	회의
분석	竹(대나무) + 具(갖출 구)
설명	대나무로 만든 산가지를 갖춰서 하는 것이 '셈을 하는 것'이라는 뜻.

한자	❺具(갖출 구)
중국어	具(jù)
육서	회의
분석	貝(조개 패) + 八(두 손으로 받치고 있음)
설명	옛날에는 조개류를 재산으로 여겼으므로, 이러한 조개류를 지닌 것이 재물을 갖춘 것이라는 뜻.

한자와 중국어

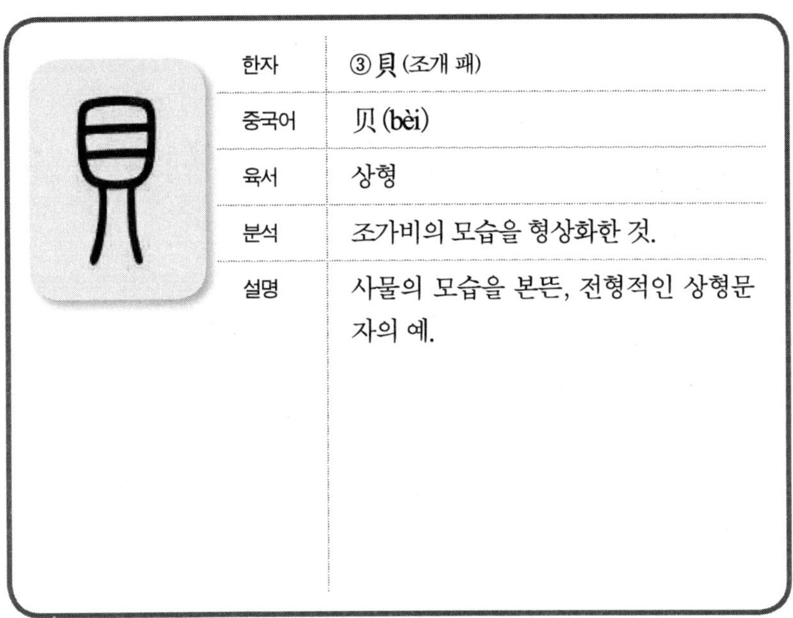

한자	③ 貝 (조개 패)
중국어	贝 (bèi)
육서	상형
분석	조가비의 모습을 형상화한 것.
설명	사물의 모습을 본뜬, 전형적인 상형문자의 예.

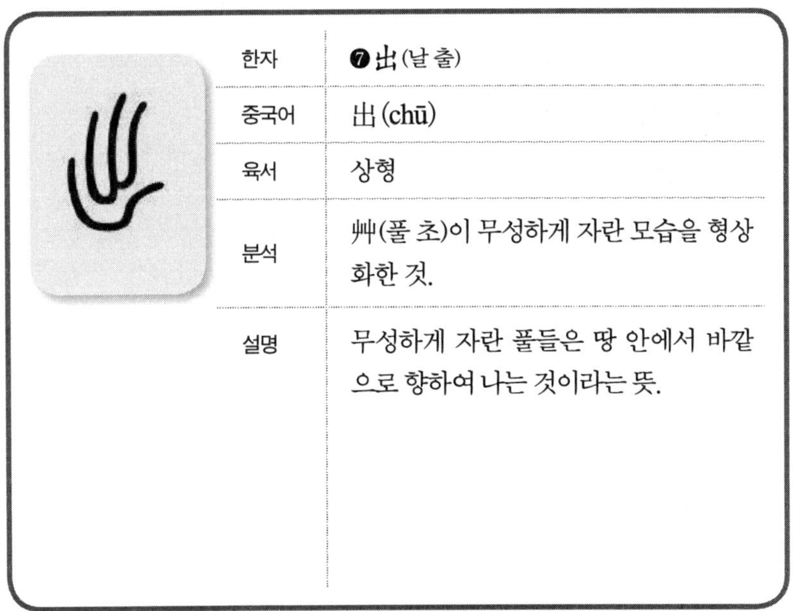

한자	❼ 出 (날 출)
중국어	出 (chū)
육서	상형
분석	艸(풀 초)이 무성하게 자란 모습을 형상화한 것.
설명	무성하게 자란 풀들은 땅 안에서 바깥으로 향하여 나는 것이라는 뜻.

한자	❼每(매양 매)
중국어	每(měi)
육서	형성
분석	艸(풀 초) + 母(어미 모)
설명	풀이 양분을 먹고 조금씩 자라는 것이 '늘, 매일'이라는 뜻.

*母(어미 모)는 발음뿐만 아니라, 의미도 함께 전달하고 있다.

한자	❼海(바다 해)
중국어	海(hǎi)
육서	형성
분석	水(물 수) + 每(매양 매)
설명	물이 사방 도처에 있는 곳이 바로 바다라는 뜻.

*每(매양 매)는 발음뿐만 아니라, '늘, 마다, 모든 곳'이라는 의미도 함께 전달하고 있다.

한자와 중국어

	한자	❽生(날 생)
	중국어	生(shēng)
	육서	상형
	분석	一(땅)에서 艸(풀)이 나오는 모습을 형상화한 것.
	설명	본래 艸(풀) 밑의 받침은 土(흙 토)가 아닌 一(땅)이었는데, 점차 이처럼 모양이 바뀜.

	한자	❽靑(푸를 청)
	중국어	靑(qīng)
	육서	회의
	분석	生(날 생) + 丹(붉을 단)
	설명	불은 붉은색을 대표하고, 불을 지피는 것은 나무이며, 나무는 푸른색을 대표함. 즉 붉은색의 불을 나오게 하는 것은 나무이고, 나무의 색은 바로 푸른색이라는 뜻.

한자	❸丹(붉을 단)
중국어	丹 (dān)
육서	상형
분석	붉은색을 내는 광물인 朱砂(주사)를 캐내는 井(우물 정)의 모습을 형상화한 것.
설명	혹은 사각형의 광물에 박혀있는 주사의 모습을 형상화한 것이라는 주장도 있음.

한자	③井(우물 정)
중국어	井 (jǐng)
육서	상형
분석	우물의 모습을 형상화한 것.
설명	네 개의 나무토막으로 입구를 고정시킨 것이 우물이라는 뜻.

한자	❼姓(성 성)
중국어	姓(xìng)
육서	형성
분석	女(계집 녀) + 生(날 생)
설명	태어날 때 낳아준 여성에 따라 성씨를 부여한다는 뜻.

*生(날 생)은 발음뿐만 아니라, 의미도 함께 전달하고 있다.

한자	❺性(성품 성)
중국어	性(xìng)
육서	형성
분석	心(마음 심) + 生(날 생)
설명	태어날 때 지니고 태어나는 마음이 '성품'이라는 뜻.

*生(날 생)은 발음뿐만 아니라, 의미도 함께 전달하고 있다.

	한자	⑦心(마음 심)
	중국어	心 (xīn)
	육서	상형
	분석	심장의 모습을 형상화한 것.
	설명	사물의 모습을 본뜬, 전형적인 상형문자의 예.

한자와 중국어

土(흙 토)

⑧土(흙토)　→　❹至(이를지)　→　❽室(집실)
　　　＼　❼地(땅지)　←　❸也(어조사야)
　　　＼　❼重(무거울중)　→　❼動(움직일동)

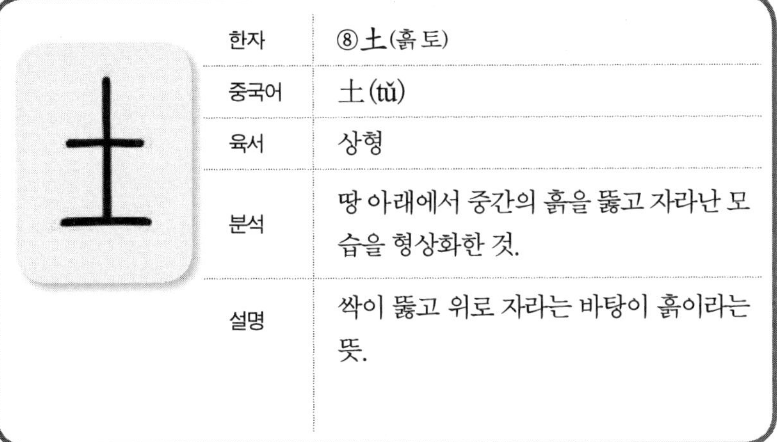

한자	⑧土(흙 토)
중국어	土(tǔ)
육서	상형
분석	땅 아래에서 중간의 흙을 뚫고 자라난 모습을 형상화한 것.
설명	싹이 뚫고 위로 자라는 바탕이 흙이라는 뜻.

한자	❹至(이를 지)
중국어	至(zhì)
육서	상형
분석	새가 땅에 내려앉는 모습을 형상화한 것.
설명	새가 땅에 내려앉으니 목적지에 이르렀다는 뜻.

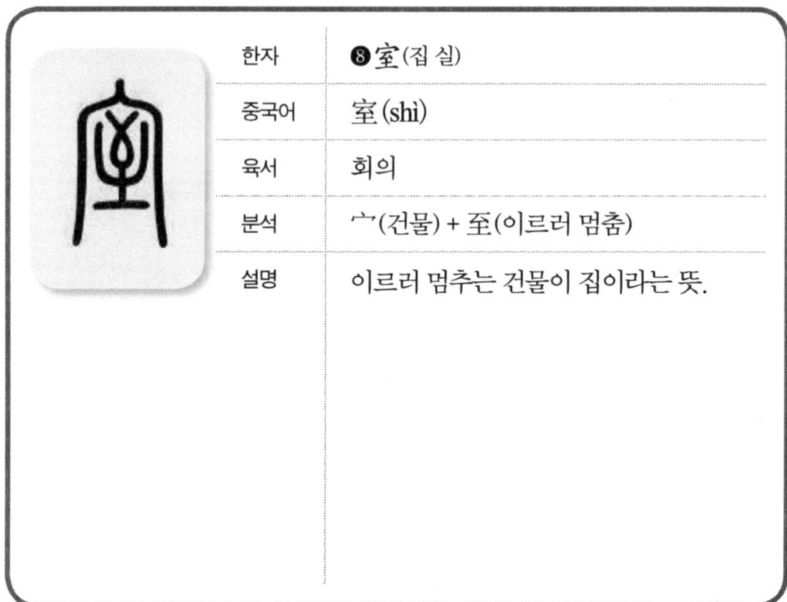

한자	❽室(집 실)
중국어	室(shì)
육서	회의
분석	宀(건물) + 至(이르러 멈춤)
설명	이르러 멈추는 건물이 집이라는 뜻.

한자	❼地(땅 지)
중국어	地(dì)
육서	회의
분석	土(흙 토) + 也(어조사 야)
설명	뱀이 돌아다니는 흙은 커다란 땅이라는 뜻.

한자와 중국어

한자	❸也(잇기 야, 어조사 야)
중국어	也(yě)
육서	상형
분석	뱀의 모습을 형상화한 것.
설명	사물의 모습을 본뜬, 전형적인 상형문자의 예. 후에 뱀은 '巳(뱀 사)' 또는 '蛇(긴 뱀 사)'으로 쓰이게 되어서, 이는 '잇다.' 또는 '어조사, 발어사'로 전용됨.

한자	❼重(무거울 중)
중국어	重(zhòng)
육서	형성
분석	人(사람) + 土(흙토) + 東(동녘 동)
설명	사람이 흙을 짊어지고 있으니, 무겁다는 뜻.

한자	❼動(움직일 동)
중국어	动(dòng)
육서	형성
분석	重(무거울 중) + 力(힘 력)
설명	무거운 물건에 힘을 가하니, 움직인다는 뜻.

*重(무거울 중)은 발음뿐만 아니라, 의미도 함께 전달하고 있다.

穴(구멍 혈)

한자	③穴(구멍 혈)
중국어	穴(xué)
육서	상형
분석	사람이 사는 동굴의 모양을 형상화한 것.
설명	입구 윗부분에 햇빛이나 빗물 등일 들어오는 것을 막기 위해서 짚 등을 드리운 것이 사람이 사는 동굴이라는 뜻.

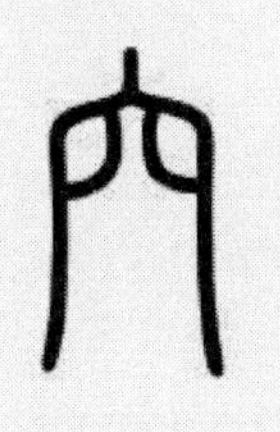

*그러므로 집을 만들어서 살기 이전의 생활을 穴居(혈거: 동굴에 거주하는)생활이라고 일컫는다.

한자	❼空(빌 공)
중국어	空(kōng)
육서	형성
분석	穴(구멍 혈) + 工(장인 공)
설명	동굴 안에 있는 공간과도 같이 텅 비어 있다는 뜻.

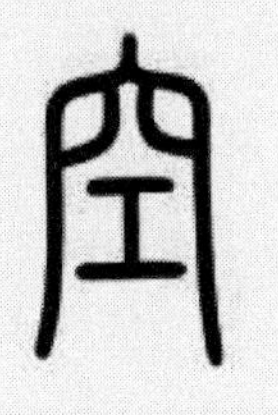

	한자	⑦ 工 (장인 공)
	중국어	工 (gōng)
	육서	상형
	분석	사람이 손가락으로 도구를 쥔 모습을 형상화한 것.
	설명	본래는 𢒉의 형태였으나, 후에 彡(도구를 잡은 손 모양)이 사라짐.

한자와 중국어

戶 (문 호)

④戶 (문/집 호) → ❼所 (바 소) ← ③斤 (근 근)

한자	④戶 (문/집 호)
중국어	戶 (hù)
육서	상형
분석	門(문 문)의 반쪽 모습을 형상화한 것.
설명	문은 집을 지키기 위해서 설치한 것이므로, 집과 문 그리고 지킨다는 뜻을 지님.

한자	❼所 (바 소)
중국어	所 (suǒ)
육서	형성
분석	戶(문/집 호) + 斤(근 근)
설명	본래는 도끼로 나무를 찍는 소리를 나타내는 의성어였으나, 후에 '하는 바' 또는 '장소'를 나타내는 뜻으로 전용됨.

한자	③斤 (근 근)
중국어	斤 (jīn)
육서	상형
분석	도끼의 모습을 형상화한 것.
설명	사물의 모습을 본뜬, 전형적인 상형문자의 예.

虫(벌레 훼)

◆虫(벌레 훼) → ❹蟲(벌레 충) → ❽萬(일만 만)

<table>
<tr><td colspan="2" align="center">部首(부수)로만 쓰임.</td></tr>
<tr><td>한자</td><td>虫(벌레 훼)</td></tr>
<tr><td>육서</td><td>상형</td></tr>
<tr><td>분석</td><td>머리가 크고 몸이 가는 살무사의 모습을 형상화한 것.</td></tr>
<tr><td>설명</td><td>동물 중에서 덩치가 작거나 갑각류 혹은 비늘이 있는 것들의 총칭으로 씀.</td></tr>
</table>

<table>
<tr><td>한자</td><td>❹蟲(벌레 충)</td></tr>
<tr><td>중국어</td><td>虫(chóng)</td></tr>
<tr><td>육서</td><td>회의</td></tr>
<tr><td>분석</td><td>본래는 동물의 총칭이었지만, 작은 벌레들이 주로 모여 있으므로, 후에 덩치가 비교적 작고 모여 있는 벌레들에 쓰고 있음.</td></tr>
<tr><td>설명</td><td>본래 뱀의 웅크린 모양을 본뜬 것이 虫(벌레 훼)이고, 작은 벌레들이 모여 있는 것을 蟲(벌레 충)으로 구별하여 썼지만, 오늘날에는 벌레의 총칭으로 쓰고 있음.</td></tr>
</table>

*蟲(벌레 충)이 部首(부수)로 쓰일 경우에는 虫(벌레 훼)로 씀에 유의하기로 한다.

예) 蠟(밀 랍), 蚊(모기 문)

한자	❽萬 (일만 만)
중국어	万 (wàn)
육서	상형
분석	전갈의 모양을 형상화한 것.
설명	전갈은 알을 굉장히 많이 낳으므로 많음을 나타냄.

*한글 '많다'는 바로 한자 '일만 만'을 기원으로 하는, 즉 '만이다'에서 생겨난 말임을 알 수 있다.

欠(하품 흠)

한자	① 欠(하품 흠)
중국어	欠(qiàn)
육서	상형
분석	彡(입을 크게 벌리고 숨을 내뱉음)+儿 (어진 사람 인)
설명	사람이 서서 입을 크게 벌리고 공기를 내뱉는 것이 하품하는 것이라는 뜻.

한자	❼歌(노래 가)
중국어	歌(gē)
육서	형성
분석	哥(성씨 가) + 欠(하품 흠)
설명	하품을 하듯이 소리를 길게 내뱉는 것이 노래하는 것이라는 뜻.

한자	❶哥(성씨 가)
중국어	哥 (gē)
육서	회의 / 전주
분석	可(옳을 가) + 可(옳을 가)
설명	입이 열려서 소리를 내는데, 두 번 쓰였으니 그만큼 길게 소리를 내는 것. 본래는 노래를 한다는 뜻이었으나, 후에 사람의 성씨 나아가 '형'을 나타내게 됨.

한자	⑤可(옳을 가)
중국어	可 (kě)
육서	회의
분석	ㄱ(열림) + 口(입 구)
설명	굳게 다물고 있던 입을 열어서 소리를 내니, 이는 허락한다는 뜻.

7장 漢字를 응용한 중국어 단어

중국어 단어는 한자와 달리, 기본적으로 두 글자로 구성된 짝수를 원칙으로 하고 있다. 그 이유는 다름 아닌 중국 전통의 陰陽學(음양학) 논리에서 찾을 수 있는데, 음양학의 원리는 밝음을 뜻하는 陽(양)과 어두움을 뜻하는 陰(음)이 세상에 함께 존재한다는 개념을 바탕으로 한다. 다시 말해서, 음양학은 세상의 만물에 모두 '양'과 '음'이 두 가지가 공존하고 있다는 뜻이니, 중국인들은 이러한 원리에 기인하여 중국어 단어 역시 '양'과 '음'의 짝을 맞춰서 만들었던 것이다. 물론 상황에 따라서 한 글자로만 구성된 단어도 적잖이 있고, 또 필요에 의해서나 편리함을 추구하기 위하여 짝수로 된 단어를 한 글자로 줄여서 말하거나 쓰는 경우도 않지만, 중국어 단어는 이처럼 원칙적으로 짝수로 구성되어 있음을 이해할 필요가 있는 것이다. 중국어 단어를 짝수로 만드는 과정은 크게 세 가지로 나눌 수 있다.

첫 번째, 서로 의미가 같거나 유사한 단어들끼리 짝을 지어주는
경우.

國家(국가)

옛 중국인들에게 있어 家(가)는 오늘날의 '집'이 아닌, 한 지역을 통
치하는 가문의 의미로 통용되었기 때문에, 國(나라 국)과 같거나 유
사한 의미를 지닌다.

語言(어언)

'말'이라는 뜻을 지닌 語(말씀 어)와 言(말씀 언), 즉 서로 의미가 같
은 단어끼리 짝을 지어준 전형적인 예이다. 참고적으로 설명하자
면, 한국에서는 '언어'라고 쓰지만, 중국어에서는 이처럼 한국의 한
자와 앞뒤가 뒤바뀌어 쓰이는 경우가 종종 있다.

두 번째, 의미가 같거나 유사하지는 않지만, 서로 그 뜻이 통하거
나 상호간의 의미를 보충 또는 보조해줄 수 있는 단어를 짝지어 주는
경우.

人民(인민)

'사람'을 뜻하는 人(사람 인)과 '백성'을 뜻하는 民(백성 민)이라는
단어를 짝지어줌으로써, '사람, 그 중에서도 백성인 자'라는 의미로
보충설명을 해주었다.

한자와 중국어

空氣 (공기)

'비어있음'을 뜻하는 空(빌 공)과 추상적인 형이상학 개념의 '기운'을 뜻하는 氣(기운 기)라는 단어를 짝지어줌으로써, '완전히 비어있는 듯하지만, 사실 보거나 만질 수 없는 기운으로 채워진 것이 공기'라는 추상명사로 만든 경우이다.

세 번째, 특별한 의미가 없는 접미사를 뒤에 붙여서 짝수로 만들어주는 경우.

早上 (조상)

早(이를 조)와 시간을 나타내는 접미사로 쓰인 上(위 상)을 짝지어줌으로써, '이른 때' 즉 '아침'의 의미로 써주었다.

日子 (일자)

日(날 일)과 한 단어 뒤에 놓여 그 단어를 명사로 만들어주는 접미사로 쓰인 子(아들 자)를 짝지어줌으로써, '날, 날짜, 시절, 때'라는 의미로 써주는 경우이다.

이제 마지막으로 HSK 甲(갑)에 속하는 1013개의 단어들 중에서, 위에서 설명했던 한자들을 활용하는 중국어 단어들에 대해서 알아보기로 하자. 소개하는 순서는 각 단어 발음의 알파벳 순서에 따르기로 한다.

B	八	bā	수사	8, 팔, 여덟
	白	bái	형용사	하얗다, 희다
	百	bǎi	수사	100, 백

*한국어와 달리, 중국어 '백' 이상 단위는 반드시 앞에 一(yī)을 붙여주어야 함에 주의하기로 한다.

예) 一百(yì bǎi): 백

北	běi	명사	북, 북쪽

*중국어는 짝수를 선호하므로, 이 단어는 단독으로 잘 쓰이지 않는다. 따라서 보통은 아래의 형태로 더 많이 활용된다.

北方	běi fāng	명사	북방, 북쪽
不	bù	부사	(형용사, 동사 앞에 놓여) 아니다, ~하지 않다
不同	bù tóng	형용사	같지 않다, 다르다

C	长	cháng	형용사	길다
	场	chǎng	양사/명사	차례, 번/ 장소, 무대

*한국어의 '수량을 나타내는 단위명사'를, 중국어에서는 量詞(양사)라고 한다.

예) 一场(yì chǎng): 한 차례(번)
　　下场(xià chǎng): 퇴장하다, 무대에서 내려오다/말로, 끝장

| 车 | chē | 명사 | 수레, 차(바퀴가 달린 교통수단) |

*중국어는 짝수를 선호하므로, 이 단어는 단독으로 잘 쓰이지 않는다. 따라서 보통은 아래의 형태로 더 많이 활용된다.

| 车子 | chē zi | 명사 | 수레, 차(바퀴가 달린 교통수단) |

*이는 앞에서 소개했던 단어를 짝수로 만드는 세 과정 중 마지막 부분에 해당된다. 子(아들 자)는 의미가 있을 때는 zǐ로 발음하지만, 단순히 명사를 짝수로 만들기 위해서 붙여주는 접미사로 쓰일 때는 zi 즉 輕聲(경성)으로 읽어줌에 유의해야 한다.

| 出 | chū | 동사 | 나다(동작의 방향이 안에서 밖으로 향하다) |
| 出来 | chū lai | 동사 | 나오다 |

*한국어와 마찬가지로, 중국어의 이합동사(두개의 동사가 합쳐진 형태) 역시 앞의 동사는 본동사가 되고 뒤의 동사는 방향을 나타내는 보조동사로 바뀐다.

| 春 | chūn | 명사 | 봄 |

*중국어는 짝수를 선호하므로, 이 단어는 단독으로 잘 쓰이지 않는다. 따라서 보통은 아래의 형태로 더 많이 활용된다.

| 春天 | chūn tiān | 명사 | 봄, 봄날, 봄철 |

| **D** 大 | dà | 형용사 | 크다, 세다 |

大家	dà jiā	대명사/ 명사	모두, 다들/ 대가, 권위자

*일반적으로는 대명사로 자주 쓰이고, 특수한 상황에서 명사로 활용된다.

大学	dà xué	명사	대학, 대학교

*한국어에서는 大學校(대학교)라고 표기하지만, 중국어는 짝수를 선호하기 때문에 두 글자만 쓰고 있다.

大夫	dà fū	명사	대부(고대의 고위관직명)
	dài fu	명사	의사

*현대사회에는 '대부'라는 관직이 없기 때문에, 이는 주로 역사와 관련하여서만 쓰인다. 보통은 '의사'라는 의미로 많이 통용되는데, 이때는 '대부'와 구별하기 위해서 발음을 변형함에 유의하도록 한다.

道	dào	양사	줄기, 코스

*이 단어는 '길'과도 같이 길게 늘어진 명사(무지개, 담장, 코스 요리)에 대해서 양사로 쓰인다.

예) 一道(yí dào): 한 줄기(코스)

地	de	조사	~게

*형용사 뒤에 붙어서 형용사를 부사어로 바꿔주는 역할을 한다.

예) 方便(fāng biàn): 편리하다 → 方便地(fāng biàn de): 편리하게

 한자와 중국어

地	dì	명사	땅, 바닥, 장소

*중국어는 짝수를 선호하므로, 이 단어는 단독으로 잘 쓰이지 않는 다. 따라서 보통은 아래의 형태로 더 많이 활용된다.

地方	dì fang	명사	곳, 장소, 부분
	dì fāng	명사	지역, (중앙에 상대되는) 지방

*일반적으로는 첫 번째 의미의 명사로 자주 쓰이고, 구체적인 장소 를 나타내거나 도시의 반대개념을 말할 때는 두 번째 명사로 활용 된다.

弟弟	dì di	명사	남동생

*한 글자만으로도 남동생을 뜻하지만, 역시 짝수로 써주기 위해서 같은 단어를 중복해서 써줬다. 다만 이 경우에는 발음을 보다 편하 게 해주기 위해서 뒤의 단어를 輕聲(경성)으로 읽어줌에 유의해야 한다.

**중국어는 한국어와 달리 남동생과 여동생을 명확하게 구분하는 단어가 있다.

电	diàn	명사	전기, 번개
电车	diàn chē	명사	전차
电话	diàn huà	명사	전화(기)
东	dōng	명사	동, 동쪽

*중국어는 짝수를 선호하므로, 이 단어는 단독으로 잘 쓰이지 않는 다. 따라서 보통은 아래의 형태로 더 많이 활용된다.

东方	dōng fāng	명사	동방, 동쪽
东西	dōng xi	명사	물건, 사물, 물품
	dōng xī	명사	동서, 동쪽과 서쪽

*일반적으로는 첫 번째 의미의 명사로 자주 쓰이고, 구체적인 방향을 말할 때는 두 번째 명사로 활용된다.

| 冬 | dōng | 명사 | 봄 |

*중국어는 짝수를 선호하므로, 이 단어는 단독으로 잘 쓰이지 않는다. 따라서 보통은 아래의 형태로 더 많이 활용된다.

冬天	dōng tiān	명사	겨울, 겨울날, 겨울철
动	dòng	동사	움직이다, 동작하다
动物	dòng wù	명사	동물

| E | 二 | èr | 수사 | 2, 이, 둘 |

F	方便	fāng biàn	형용사/ 동사	편리하다 / 편리하게 하다
	方面	fāng miàn	명사	방면, 분야, 부분
	夫人	fū rén	명사	부인(아내에 대한 존칭)

 한자와 중국어

哥哥	gē ge	명사	형, 오빠

*한 글자만으로도 '형, 오빠'를 뜻하지만, 역시 짝수로 써주기 위해서 같은 단어를 중복해서 써줬다. 다만 이 경우에는 발음을 보다 편하게 해주기 위해서 뒤의 단어를 輕聲(경성)으로 읽어줌에 유의해야 한다.

**중국어는 한국어와 달리 남동생이 부르는 '형'이나 여동생이 부르는 '오빠'를 명확하게 구분하지 않고, 남녀 모두가 이 단어로 호칭한다.

歌	gē	명사	노래
更	gèng	부사	더, 더욱, 훨씬
工人	gōng rén	명사	노동자, 인부
国	guó	명사	국가, 나라

*중국어는 짝수를 선호하므로, 이 단어는 단독으로 잘 쓰이지 않는다. 따라서 보통은 아래의 형태로 더 많이 활용된다.

国家	guó jiā	명사	국가, 나라

海	hǎi	명사	바다
汉语	hàn yǔ	명사	중국어

*중국은 55개의 소수민족과 한족 총 56개 민족으로 구성되어있다. 따라서 이는 한족이 쓰는 언어라는 뜻으로, 표준 중국어와 같은 개

넘이 된다. 반면에 '중국어'는 중국에서 쓰이는 언어라는 뜻으로, 이에는 표준어와 사투리 및 소수민족의 언어가 포함되는 포괄적인 개념이다.

汉字	hàn zì	명사	한자, 중국의 문자
后	hòu	명사/형용사	뒤, 후대, 자손 / 다음의, 나중의
花	huā	명사/형용사	꽃/ 꽃무늬의, 알록달록한, 화려한
花	huā	동사	쓰다, 소비하다, 소모하다

*동사로 쓰이는 경우는 돈을 꽃잎 날리듯 뿌린다는 의미에서 파생된 것이다.

化学	huà xué	명사	화학
话	huà	명사	말, 이야기
黄	huáng	형용사	노랗다
活	huó	동사	살다, 생활하다
活动	huó dòng	동사/명사	운동하다, 활동하다/활동, 행사
火车	huǒ chē	명사	기차

*한국은 수증기가 나오는 교통수단이라는 의미로 汽車(기차)라고 표현하지만, 중국어는 장작이나 석탄을 불로 태워서 그 힘으로 가는 차라고 표현한다.

이처럼 같은 한자권 문화의 국가이지만 국가마다 보는 관점에 따

라서 달리 표현하는 경우가 더러 있으므로, 유의하여 이해할 필요
가 있다.

J	记	jì	동사	기억하다, 기록하다
	家	jiā	명사/양사/접미사	집, 가정/부류, 아내

*이 단어는 집이나 공장 또는 가게 등에 대해서 양사로 쓰인다.

예) 一家(yì jiā): 한 채(동)

间	jiān	양사	칸

*이 단어는 방이나 교실 등의 칸막이가 있는 공간에 대한 양사로
쓰인다.

예) 一间(yì jiān): 한 칸

件	jiàn	양사	벌, 개

*이 단어는 낱개로 셀 수 있는 물건에 대한 양사로 쓰인다.

예) 一件(yí jiàn): 한 벌(개)

江	jiāng	명사	강
交	jiāo	동사	사귀다, 교제하다/건네다, 제출하다
教	jiāo	동사	가르치다

| 教室 | jiào shì | 명사 | 교실, 강의실 |

*이 단어는 1성의 'jiāo'와 4성의 'jiào' 두 가지 발음이 있는데, 일반적으로 말해서 동사로만 쓰이는 경우에는 1성으로, 다른 단어와 합쳐져서 명사의 의미가 있는 경우에는 4성으로 발음한다. 바로 아래의 단어 역시 명사의 뜻이 있으므로 4성으로 발음해야 한다. 중국어 단어에는 이와 같은 단어들이 몇 가지 더 존재하는데, 이러한 단어들은 등장할 때마다 설명하기로 한다.

| 教育 | jiàoyù | 명사/동사 | 교육 / 교육하다, 양성하다 |
| 斤 | jīn | 양사 | 근(500g) |

*서양식 도량형 단위에 익숙한 한국과 달리, 중국은 아직까지도 전통적으로 내려오는 도량형 단위를 많이 쓴다. 따라서 이러한 옛 도량형이 서양식 단위로는 어느 정도 되는지 이해할 필요가 있다.

예) 一斤(yì jīn): 한 근

今年	jīn nián	명사	올해, 금년
今天	jīn tiān	명사	오늘
九	jiǔ	수사	9, 구, 아홉

| K | 空气 | kōng qì | 명사 | 공기 |

*이 단어는 1성의 'kōng'과 4성의 'kòng' 두 가지 발음이 있는데, '비다.'라는 형용사로 쓰이는 경우에는 1성으로, '공간, 틈, 겨를'의

명사 의미가 있는 경우에는 4성으로 발음한다.

| 口 | kǒu | 명사/양사 | 입 / 식구 |

*이 단어는 식구 가족 대한 양사로 쓰인다.

예) 一口(yì kǒu): 한 식구(가족)

| 口语 | kǒu yǔ | 명사 | 구어, 구두어 |

L	来	lái	동사	오다(먼 곳에서 다가서다)
	老	lǎo	형용사	늙다, 오래되다
	老(二)	lǎo (èr)	접두사	서열상(둘째)

*따라서 老大(lǎo dà)는 '첫째, 맏이'의 뜻을 지닌다.

| 里 | lǐ | 명사 | 이웃, 고향 |

*중국어는 짝수를 선호하므로 이 단어는 단독으로 잘 쓰이지 않는다.

里	lǐ	양사	리(500m)
六	liù	수사	6, 육, 여섯

| M | 毛 | máo | 양사 | 마오(화폐단위) |

*十毛 = 一元(yī yuán)

每	měi	대명사	매, 마다
门	mén	명사/양사	문 / 과목

*이 단어는 과목에 대한 양사로 쓰인다.

예) 一门 (yì mén): 한 과목

门口	mén kǒu	명사	입구, 현관
米	mǐ	양사	미터

*이 단어는 영어 'meter'를 중국어로 음역한 외래어이다.

明年	míng nián	명사	내년

*한국어는 來(올 래)를 써서 '다가올 해'라는 의미를 부여하지만, 중국어는 明(밝을 명)을 써서 '미래는 더 밝을 것이다.'라는 의미를 부여한다. 이 같은 개념은 아래의 단어에도 똑같이 적용된다.

明天	míng tiān	명사	내일
名字	míng zi	명사	성명, 이름
目前	mù qián	명사	지금, 현재

*한국어는 目前(목전)을 '눈 앞'으로 풀이하지만, 중국어는 '눈앞에 있는 바로 지금'이라는 의미로 풀이하고 있다.

N	南	nán	명사	남, 남쪽

*중국어는 짝수를 선호하므로, 이 단어는 단독으로 잘 쓰이지 않는다.

따라서 보통은 아래의 형태로 더 많이 활용된다.

南方	nán fāng	명사	남방, 남쪽
男	nán	형용사	남성의, 남자의
内	nèi	명사	안, 속
年	nián	명사	년, 해
牛	niú	명사	소
农村	nóng cūn	명사	농촌
农民	nóng mín	명사	농부, 농민
女	nǔ	형용사	여성의, 여자의

| Q | 七 | qī | 수사 | 7, 칠, 일곱 |
| | 千 | qiān | 수사 | 1000, 천 |

*한국어와 달리, 중국어 '백' 이상 단위는 반드시 앞에 一(yī)을 붙여주어야 함에 다시 한 번 주의하기로 한다.

예) 一千(yì qiān): 천

前	qián	명사	앞
青年	qīng nián	명사	청년, 젊은이
秋	qiū	명사	가을

*중국어는 짝수를 선호하므로 이 단어는 단독으로 잘 쓰이지 않는다.

따라서 보통은 아래의 형태로 더 많이 활용된다.

| 秋天 | qiūtiān | 명사 | 가을, 가을날, 가을철 |
| 全 | quán | 형용사 | 온, 모든, 전부의 |

R	然后	rán hòu	부사	연후에, 그런 후에
	人	rén	명사	사람, 인간
	人民	rén mín	명사	인민, 국민, 백성
	日	rì	명사	하루, 일
	日语	rì yǔ	명사	일본어, 일어
	日文	rì wén	명사	일본어, 일문
	日子	rì zi	명사	날, 시절, 때
	肉	ròu	명사	고기, 살

S	三	sān	수사	3, 삼, 셋
	山	shān	명사	산
	上	shàng	명사	위
	上	shàng	동사	오르다

*'오르다'는 '구체적인 동작'을 나타내는 의미와, '궤도에 오르다, 본격적으로 시작되다'는 의미로 나눌 수 있다. 아래의 단어는 '구체적인 동작'을 의미한다.

| 上来 | shàng lái | 동사 | 올라오다 |

*한국어와 마찬가지로, 중국어의 이합동사(두개의 동사가 합쳐진 형태) 역시 앞의 동사는 본동사가 되고 뒤의 동사는 방향을 나타내는 보조동사로 바뀐다.

| 上午 | shàng wǔ | 명사 | 오전 |

*十二支(12지)에서 午(낮 오)는 11시~13시를 뜻한다. 따라서 上午(상오)는 그 위에 있는 시간대를 뜻하므로, 이는 한국어의 '오전'과 같은 의미를 지닌다.

| 上学 | shàng xué | 동사 | 등교하다 |

*반면에 여기서는 '궤도에 오르다, 본격적으로 시작되다.'는 의미를 지니므로, '배움에 오르다, 배움이 본격적으로 시작되다.'로 풀이해야 한다.

少	shǎo	형용사/동사	적다 / 모자라다
生活	shēnghuó	명사/동사	생활 / 살다
生日	shēng rì	명사	생일, 태어난 날
十	shí	수사	10, 십, 열
时间	shíjiān	명사	시간(기간), 틈, 여유
事	shì	명사	일, 업무, 사건
市	shì	명사	행정지역 단위의 시

| 手 | shǒu | 명사 | 손, 능숙한 사람 |
| 数 | shǔ | 동사 | 세다, 셈하다, 헤아리다 |

*이 단어는 3성의 'shǔ'과 4성의 'shù' 두 가지 발음이 있는데, '세다.'라는 동사로 쓰이는 경우에는 3성으로, '셈, 수'의 명사 의미가 있는 경우에는 4성으로 발음한다. 바로 아래 단어는 명사로 쓰이는 경우이다.

| 数学 | shù xué | 명사 | 수학 |
| 水 | shuǐ | 명사 | 물, 강 |

*중국인들은 '~水'의 형태로 써서 '~강'이라고 표현하기도 한다.

水平	shuǐpíng	명사	수준
四	sì	수사	4, 사, 넷
算	suàn	동사	셈(계산)하다, 셈에 넣다, ~인 셈이다
所有	suǒ yǒu	형용사	모든, 전부의

*所(바 소)는 '~하는 바'를 그리고 有(있을 유)는 '있다.'를 뜻하므로, '있는바' 즉 특정 공간에 존재하는 모든 것을 가리키는 것이다.

| T | 天 | tiān | 명사 | 하늘 |
| | 天气 | tiān qì | 명사 | 날씨, 일기 |

*한국어 '天氣'는 '하늘의 기밀, 조화의 신비'로 풀이되어서, 그 의미

한자와 중국어

가 비교적 무겁고 심오하다. 반면에 중국어 '天气'는 말 그대로 '하늘의 기운' 즉 '날씨'가 됨에 유의할 필요가 있다.

| 同时 | tóng shí | 명사 | 동시, 같은 시간 |
| 同学 | tóng xué | 명사 | 학우 |

*이 단어는 같은 학교나 학급에서 함께 배운 동창이나 동급생을 뜻할 뿐 아니라, 윗사람이 학생에 대해서도 쓸 수 있음에 유의할 필요가 있다.

W	外	wài	명사	밖, 바깥
	外国	wài guó	명사	외국
	外语	wài yǔ	명사	외국어
	外文	wài wén	명사	외국어
	万	wàn	수사	10000, 만

*한국어와 달리, 중국어 '백' 이상 단위는 반드시 앞에 一(yī)을 붙여주어야 함에 주의하기로 한다.

예) 一万(yí wàn): 만

文化	wén huà	명사	문화, 교양, 소양
文学	wén xué	명사	문학
文学家	wén xué jiā	명사	문학자, 문학가
问	wèn	동사	묻다

| 五 | wǔ | 수사 | 5, 오, 다섯 |

| X | 西 | xī | 명사 |

*중국어는 짝수를 선호하므로, 이 단어는 단독으로 잘 쓰이지 않는다. 따라서 보통은 아래의 형태로 더 많이 활용된다.

| 西方 | xī fāng | 명사 | 서방, 서쪽 |
| 下 | xià | 동사 | 내리다 |

*'내리다' 역시 '구체적인 동작'을 나타내는 의미와, '궤도에서 내리다, 본격적으로 끝나다'는 의미로 나눌 수 있다.

| 下 | xià | 명사 | 아래 |
| 下 | xià | 양사 | 번, 차례 |

*이 단어가 양사로 사용되는 경우는 '내리다.'라는 의미에서 파생된 것이다. 다시 말해서, 뭔가를 내려놓는 시간 즉 짧은 시간동안 행하는 차례를 뜻한다.

예) 一下 (yí xià): 좀 하다.

| 下来 | xià lái | 동사 | 내려오다 |

*한국어와 마찬가지로, 중국어의 이합동사(두개의 동사가 합쳐진 형태) 역시 앞의 동사는 본동사가 되고 뒤의 동사는 방향을 나타내는 보조동사로 바뀐다.

下午	xià wǔ	명사	오후

*十二支(12지)에서 午(낮 오)는 11시~13시를 뜻한다. 따라서 下午 (하오)는 그 아래에 있는 시간대를 뜻하므로, 이는 한국어의 '오후' 와 같은 의미를 지닌다.

夏	xià	명사	여름

*중국어는 짝수를 선호하므로, 이 단어는 단독으로 잘 쓰이지 않는 다. 따라서 보통은 아래의 형태로 더 많이 활용된다.

夏天	xià tiān	명사	여름, 여름날, 여름철
先	xiān	명사/부사	앞/ 먼저, 우선

*이 단어는 부사로 쓰이는 경우가 있는데, 이는 사실 首先(shǒu xiān)을 줄인 형태이다. 앞서서 중국어는 기본적으로 짝수를 원칙 으로 한다고 했으므로, 원칙적으로는 首先(shǒu xiān)이 맞는 표현 이다. 하지만 말을 하거나 쓰는데 있어 편리함을 추구하기 위해서 이처럼 줄여 쓴 것이다. 首先(shǒu xiān)은 乙(을)에 속하는 단어이 기 때문에, 여기서는 자세한 설명을 하지 않는다.

先生	xiān sheng	명사	선생(성인 또는 명성이 높은 남성 에 대한 경칭), 남편
小	xiǎo	형용사/ 접두사	작다, 좁다 / 군

*이 단어는 사람의 姓(성) 앞에 쓰여서 접두사로 활용될 수 있는데, 이때는 상대방의 나이가 본인보다 더 어리고 친숙할 때 쓰인다. 대 표적인 예는 다음과 같다.

| 小李 | xiǎo lǐ | 접두사 | 이군 |
| 小时 | xiǎo shí | 명사 | 시간 |

*이 단어는 0~60분이 경과하는 한 시간의 단위를 나타낸다.

心	xīn	명사	마음, 생각, 기분
姓	xìng	명사/동사	성씨 / ~을(를) 성으로 삼다
学	xué	동사	배우다, 학습하다.
学生	xué sheng	명사	학생
学校	xué xiào	명사	학교

Y	也	yě	부사	역시, 도
	一下儿	yí xiàr		

*이 단어는 下(xià)의 양사부분에서 설명한 바 있다. 다만 여기의 儿(er)은 전형적인 북방사투리에 속하기 때문에, 표준어에서는 굳이 표현하지 않아도 됨을 미리 알려둔다.

一直	yì zhí	부사	줄곧, 계속, 곧장
有	yǒu	동사	있다, 가지고 있다.
有名	yǒu míng	형용사	유명한, 명성이 있는
右	yòu	명사	오른쪽, 우측

*중국어는 짝수를 선호하므로, 이 단어는 단독으로 잘 쓰이지 않는다.

| 又 | yòu | 부사 | 또, 다시 |

*이 단어는 이미 반복해서 발생한 상황에서만 쓸 수 있음에 유의한다. 반면에 再(zài)는 아직 발생하지 않은, 즉 미래에 반복해서 발생할 상황을 예측해서 쓰는 표현임을 참고적으로 알려둔다.

| 雨 | yǔ | 명사 | 비 |
| 语言 | yǔyán | 명사 | 말, 언어 |

*이처럼 중국어 단어 중에는 한국어의 한자와 의미가 같지만 그 어순이 뒤바뀌는 경우가 있으니, 각별히 주의를 기울일 필요가 있다.

| 月 | yuè | 명사 | 달, 월(1년 12개월) |

*참고적으로 설명하자면, 밤에 볼 수 있는 '달'은 단독으로 쓰이지 않고, 亮(밝을 량)과 함께 짝수로 써준다.

| Z | 早 | zǎo | 형용사 | (시간적으로) 이르다, 빠르다. |
| | 早上 | zǎo shang | 명사 | 아침 |

*上(shang)이 시간대를 나타내는 단어 뒤에 있을 때는, '때, 시간'이라는 의미를 갖는다. 이는 짝수를 맞춰주기 위한 것이고, 또한 이 때는 성조를 輕聲(경성)으로 발음함에 유의해야 한다.

| 长 | cháng | 형용사/동사 | 길다, 오래다/잘하다, 뛰어나다. |

*이 단어는 동사로 활용될 때, 단독으로 쓰이지 않는다.

正	zhèng	부사	마침, 꼭, 딱
之间	zhī jiān	명사	~의 사이, 지간
纸	zhǐ	명사	종이
中	zhōng	명사/ 형용사	가운데, 중간 / 치우치지 않다.
中间	zhōng jiān	명사	중간
中文	zhōng wén	명사	중국어 / 중국의 언어와 문자
中学	zhōng xué	명사	중등학교

*중국에서 中學(중학)은 중등과정의 중학교와 고등과정의 고등학교 과정을 포괄한다.

住	zhù	동사	묵다, 거주하다, 살다.
自己	zì jǐ	대명사	자신, 자기, 스스로
字	zì	명사	글자, 문자
祖国	zǔ guó	명사	조국, 조상들로부터 살아온 터전
左	zuǒ	명사	왼쪽, 좌측

*중국어는 짝수를 선호하므로, 이 단어는 단독으로 잘 쓰이지 않는다.

나오면서

이상으로 한자의 창제 배경과 제자원리 및 소전체 설명 그리고 현재 통용되는 한자와의 비교를 통해서, 과연 한자마다 어떠한 과정을 통해서 각각의 고유 의미가 생기게 되었는지 이해해 보았다. 나아가 이를 기반으로 한자에 상응하는 중국어 역시 섭렵해보았다.

다만 한자와 중국어 단어의 분량은 실로 너무나도 방대하기 때문에, 본문에서도 밝힌 바 있듯이 한중 상용한자(HNK) 7급과 8급에 해당하는 150자를 중심으로 그 원리를 알아보고, 나아가 이러한 한자들에 상응하는 한어수평고시(HSK) 甲(갑)에 속하는 중국어 단어들에 대해서만 언급하였다.

필자는 중국 北京(북경) 대학교 중국어언문학과에서 석사 및 박사 학위를 취득했다. 석사과정 당시 수강하던 한 수업에서 강단에 나가 5분 정도 개인 견해를 발표할 기회가 있었는데, 수업이 끝난 후 미국

컬럼비아대학원에서 온 한 교환학생이 다가와 제법 유창한 중국어로 나에게 말을 걸었다. "당신은 어느 나라사람입니까?" "저는 한국인입니다." 그러자 그 컬럼비아 대학원생이 성토 아닌 성토를 하기 시작했다. "이건 너무 불공평합니다. 한국과 일본은 한자문화권이기 때문에, 우리와 달리 더 쉽게 중국어를 배울 수 있잖아요!" 그래서 나는 잠시 생각을 한 후에, 이렇게 묻기 시작했다. "당신은 혹시 독일어를 할 줄 아나요?" "네, 할 줄 압니다." "그럼 프랑스어는요?" "고등학교 때 배워서, 어느 정도는 할 줄 압니다."

물론 이런 상황에서 공평하다는 개념은 존재하지 않는다. 그러나 달리 생각해보면, 우리는 어쩌면 서로 다른 각각의 능력을 포함해서 모두가 공평하게 태어났는지도 모른다. 컬럼비아 대학원생은 미국인이었기에 영어를 잘 이해하고 있었을 것이고, 그것이 같은 어원을 지닌 독일어와 프랑스어를 배우는데 크나 큰 힘이 되었을 것이다. 하지만 내가 만약 영어를 능통하게 하고, 이를 기반으로 독일어와 프랑스어를 배우려면 얼마나 많은 시간이 걸릴까?

나는 한국인으로 태어났다. 자연스레 한국어를 배웠고, 그 과정에서 한자와 관련된 문화를 이해했으며, 그를 기반으로 중국어 역시 배웠다. 혹자는 중국어가 영어와 더 비슷하다고 말하지만, 나는 그 말에 동의하지 않는다. '주어 + 술어 + 목적어'의 어순만 제외하고는, 오히려 한국어에 더 가깝다고 말하고 싶다. 더군다나 고급수준으로 올라갈수록 더욱 그러해진다고 말이다. 이제 여러분들도 저와 같은 경험과 느낌을 체득해보기를 권장한다. 한국인으로서 한자를 외우는 것이 아닌 이해의 대상으로 느끼고, 나아가 이를 중국어로 확대하여 일

  한자와 중국어

거양득의 기회로 삼기를 바란다.

　개인적으로 처한 빠듯한 상황과 쌓여만 가는 글 빚들 그리고 시간적 한계 등을 핑계로 둘러대기는 해보지만, 한중 상용한자(HNK) 7급과 8급 그리고 그에 상응하는 한어수평고시(HSK) 甲(갑)에 속하는 중국어 단어들에 대해서만 언급한 것이 끝내 아쉬움으로 남는다. 이에 필자는 앞으로도 계속 말미를 내어 6급 이상의 한자와 그에 상응하는 중국어 단어들도 소개하는 시리즈를 준비할 것을 약속하며, 이제 본 원고에 대한 글의 마침표를 찍고자 한다.

한자와 중국어

초판 1쇄 발행일 2016년 08월 19일

지은이 안성재
펴낸이 박영희
책임편집 김영림
디자인 박희경
마케팅 임자연
인쇄·제본 AP프린팅
펴낸곳 도서출판 어문학사
　　　　서울특별시 도봉구 쌍문동 523-21 나너울 카운티 1층
　　　　대표전화: 02-998-0094/편집부1: 02-998-2267, 편집부2: 02-998-2269
　　　　홈페이지: www.amhbook.com
　　　　트위터: @with_amhbook
　　　　페이스북: https://www.facebook.com/amhbook
　　　　블로그: 네이버 http://blog.naver.com/amhbook
　　　　다음 http://blog.daum.net/amhbook
　　　　e-mail: am@amhbook.com
　　　　등록: 2004년 4월 6일 제7-276호

ISBN 978-89-6184-417-8　13720
정가 13,000원

이 도서의 국립중앙도서관 출판예정도서목록(CIP)은 e-CIP 홈페이지(http://www.nl.go.kr/ecip)와
국가자료공동목록시스템(http://www.nl.go.kr/kolisnet)에서 이용하실 수 있습니다.
(CIP제어번호: CIP 2016018869)